La primavera árabe

El despertar de la dignidad

Tahar Ben Jelloun

La primavera árabe

El despertar de la dignidad

Traducido del francés por
Malika Embarek López

ALIANZA EDITORIAL

Título original: *L'Étincelle. Révoltes dans les pays arabes*

Calle Juan Ignacio Luca de Tena, 15;
28027 Madrid; teléfono 91 393 88 88
www.alianzaeditorial.es

ISBN: 978-84-206-5351-8
Depósito legal: M. 25.013-2011
Composición: Grupo Anaya
Impreso en Lavel Industrias Gráficas, S. A.
Printed in Spain

Si quiere recibir información periódica sobre las novedades de Alianza Editorial, envíe un correo electrónico a la dirección:
alianzaeditorial@anaya.es

Índice

Introducción

En los debates de televisión y radio con frecuencia se escuchan quejas sobre «el silencio de los intelectuales árabes». Sin embargo, desde que el mundo árabe, con toda su diversidad y complejidad, padece unas dictaduras más o menos declaradas y aceptadas —es decir, desde alrededor de medio siglo—, los intelectuales no han estado nunca callados ni se han resignado a vivir humillados y despreciados. Muchos han pagado su compromiso con años de prisión a los que se unían la tortura y todo tipo de privaciones sádicas. La lista de los que han perdido su vida por defender los derechos humanos es larga. No habían cometido más crimen que reclamar justicia y libertad para el ciudadano árabe a fin de que el individuo, en su calidad de entidad única y singular, emergiera y fuera reconocido. Se han escrito libros, pero la mayor parte de ellos han sido prohibidos y pocos, traducidos. Algunos medios de comunicación en Líbano, Argelia o Marruecos se han atrevido asimismo a describir y denunciar con regularidad esos sistemas políticos que en estos últimos meses han sufrido una estrepitosa quiebra, con el añadido de la dimisión o huida de dos dictadores bien asentados. Así pues, no nos echéis en cara esta crítica sin fundamento: «los intelectuales árabes no reaccionan». No solo sí reaccionan, sino que cada vez que lo hacen corren unos riesgos que ningún intelectual occidental ha corrido jamás.

He escrito este breve libro para explicar lo que pasa hoy en el mundo árabe, pues, si bien nadie podía prever esta primavera revolucionaria, también es cierto que durante los últimos años se podían percibir muchas señales anunciadoras. Mi labor de observador, recogida en los numerosos artículos que he publicado en la prensa internacional durante la última década, así como mi viaje a Libia en 2003, me han permitido constatar la exasperación general de las poblaciones árabes, víctimas de regímenes inaceptables. La paciencia de los pueblos tiene un límite, llegó la gota que colma el vaso: se ha roto en mil pedazos...

La mayor victoria de esta primavera árabe procede de su madurez. La gente ha salido a la calle espontáneamente, decidida a llegar hasta el final, sin seguir órdenes de ningún líder, de ningún dirigente de partido y aún menos de un líder religioso. Ésa es la victoria: ha sido una revolución natural, como un fruto tan maduro que se cae del árbol por sí solo un día de invierno, y al caer arrastra consigo otros frutos. Los árboles se han puesto a bailar de alegría como en una fiesta. Nadie puede apropiarse de este movimiento que ha generado una onda de choque de gran alcance. Ha llegado hasta China y quizá se propague un día por los patógenos barrios periféricos de Europa.

Por último, esta primavera rubrica la derrota del islamismo. Los militantes islamistas no estuvieron presentes en esas manifestaciones, cuya amplitud los sorprendió. Nuevos valores —en realidad, viejos valores— han invadido el ámbito de la reivindicación árabe: libertad, dignidad, justicia, igualdad. El «software islamista», como dicen algunos, ha quedado obsoleto. Facebook, Twitter, Internet y nuevas formas de imaginación y acción política han barrido el discurso lenitivo, anacrónico y estúpido del islamismo, que recurría a lo irracional y al fanatismo neurótico para su propagación. En las grandes manifestaciones no se ha escuchado ningún eslogan contra los otros, los extranjeros, los europeos o los israelíes. Esta vez, los árabes han tomado su destino entre sus manos y han decidido subirse al tren de la modernidad sin alegar coartada alguna, sin culpar al resto del mundo. Lo que hagan con esa dignidad recuperada depende de ellos. Improvisarán, cometerán probablemente errores, pero saben que nunca más vivirán como infrahombres aplastados por un dictador ilustrado u oscurantista, ridículo o feroz.

Y SI HOY ESAS revueltas pueden calificarse de «revoluciones» es porque, ante todo y sobre todo, las animan unas reivindicaciones de orden ético y moral.

En la cabeza de Mubarak

EL 10 DE FEBRERO de 2011 Hosni Mubarak se siente contrariado: no ha tenido tiempo de teñirse el pelo. Ya no hace deporte para mantenerse en forma. Está muy disgustado porque su pueblo insiste en que abandone el poder, e incluso Egipto. Pero se aferra. No quiere desprenderse de nada. A su alrededor, todo se hunde, como si lo tragaran unas arenas movedizas. Tiende la mano. Nadie se la da. El viento lo ha despeinado. Piensa en aquella mañana de octubre de 1981 en la que los islamistas tiraron a matar durante un desfile militar. Una bala lo rozó y rasgó su chaqueta azul de general sin llegar a herirlo. Anuar el Sadat yacía en el suelo, muerto. De repente, todo quedó sumido en el pánico y el caos. Rememora esas horas en las que el asesinato de su jefe lo convirtió en presidente de la República de Egipto. Treinta años después no se halla frente a un comando que dispara a la multitud, sino frente a un pueblo pacífico que ya no quiere nada con él. Ni siquiera lo odia. Simplemente ya no puede más. Mubarak se mira al espejo, y le entran ganas de llorar. Pero él no es de esos que lloriquean cuando el viento no sopla a su favor. Ha perdido algunos kilos; está pálido; no tiene apetito. Suzanne, su mujer, y su hijo han tenido la precaución de marcharse a Londres para que se olviden de ellos. Él no puede salir de su palacio. Sabe que, si asoma la cara, el pueblo lo linchará. Ha cometido demasiadas injusticias, demasiados crímenes como para salir impune. Al igual que tantos dirigentes árabes, ha confundido el país con su casa. Creyó que Egipto, como Estado-nación, era su propiedad privada, que podía disponer de él a su antojo. Ha amasado mucho dinero, tanto, que se necesitarían varias vidas para gastarlo. Ha rezado a Dios pidiéndole una vida larga, salud, juventud y poder absoluto. Empleó muchos años en perfeccionar el sistema que le ha permitido mantenerse en el poder durante tanto tiempo; fundó un partido, el Partido Nacional Democrático; creó una policía omnipresente cuya tarea era defender su régimen; también puso en marcha un sistema de corrupción que lo enriqueció a él y empobreció al país. Su servicio de información está calcado del de los antiguos países comunistas. Aunque no se debe olvidar que todo ello existía con anterioridad, él solo lo adaptó a sus necesidades, a su avidez. Vio cómo actuaban Nasser y, luego, Sadat, y se dijo: «¿Por qué voy a ser yo menos?». Si bien habría que precisar que Nasser no era un jefe de Estado dedicado a enriquecerse. Mubarak decretó el estado de excepción, fabricó un Parlamento a su medida, colocó a sus hombres en puestos estratégicos en los medios de comunicación, jugó la carta del peligro islamista para justificar la represión, las detenciones y la tortura. Fue un buen amigo de Estados Unidos y de Israel, y un buen anfitrión de los dirigentes occidentales en visita privada a Egipto. Todo el mundo recuerda las vacaciones de fin de año de François Mitterrand en Luxor y las de tantos otros políticos europeos.

Mantuvo también muy buenas relaciones con la mayor parte de los emiratos del Golfo.

Pero hoy, el populacho miserable le impide desayunar en su jardín y, además, ya no tiene ganas de teñirse el pelo. Alguien le ha dicho que era propio de afeminados. No le ha hecho ninguna gracia.

Al comienzo de su reinado, por todo Egipto circulaban *nukats*, chistes, sobre su persona. Cada día había uno nuevo. Lo sacaban de quicio, y como no tiene ningún sentido del humor, decidió lanzar a sus servicios secretos en busca del canalla que se dedicaba a ridiculizarlo. En seguida descubrieron a un pobre hombre, un viejecito que acostumbraba a sentarse a diario en un cafetín de Jan al Jalili. Lo detuvieron y lo llevaron ante el presidente. Cuando Mubarak lo vio, no entendía cómo aquel viejo desdentado, mísero, era capaz de cargarse su imagen de gran *rais*. Pero era demasiado anciano para que lo torturaran, así que Mubarak decidió echarle una reprimenda:

—¿Cómo es posible que cuentes cosas tan terribles de mí? ¡De mí, que he salvado al país de la miseria, de mí, que he traído la libertad, la prosperidad, la democracia, a este pueblo ingrato! ¡Acaba con tus mentiras! Que te quede claro que, de todos los egipcios, yo, Mubarak, soy el que más hace por el bien del país. No duermo, no hago más que pensar en el modo de mejorar la vida de mis conciudadanos…

El viejo lo interrumpió y le dijo:

—¡Señor presidente!, le juro que yo jamás he contado ese chiste…

En la cabeza de Mubarak hay dos arañas, una gris y otra blanca. No están de acuerdo con el *rais*. Se pelean y le provocan unos dolores de cabeza insoportables. No sabe cuál puede ser la causa. Se siente desgraciado, muy desgraciado. Traicionado, rechazado, abandonado, y no logra comprender qué le reprochan, por qué el pueblo exige con tanta contumacia que se vaya. Está convencido de que durante toda su vida ha actuado por el bien del pueblo egipcio, que ha defendido el país y sus fronteras en el ámbito internacional, que ha sido un buen soldado, valiente, esforzado, un ciudadano ejemplar. Lo que está pasando lo ha pillado por sorpresa, y ya no sabe ni quién es ni dónde está. Al principio pensaba que lo que la multitud le reprochaba eran sus relaciones demasiado estrechas con Israel. Pero no: las consignas que gritaba la gente no acusaban al imperialismo estadounidense, ni al colonialismo israelí, ni a Occidente en general. Eran unas consignas muy sencillas: libertad, dignidad, que acaben las humillaciones, las desapariciones, la arbitrariedad policial. Como los tunecinos, los manifestantes egipcios adoptaron el famoso *«¡Dégage!»* [¡Lárgate!]. La revolución se hizo con una palabra francesa, mientras Francia y sus políticos se veían superados por lo que estaba sucediendo.

Víctima. Mubarak se considera víctima de la precipitación, del desorden, de la anarquía. Y acaba de descubrir que nadie acudirá a socorrerlo. En el horizonte se divisa una gran soledad, un gran silencio, un aislamiento absoluto. Ésas son sus únicas y últimas perspectivas; sin contar con que la Corte Penal Internacional aún no se ha pronunciado sobre su suerte.

Es como un hombre que acaba de ser abandonado por la mujer a la que ha creído amar toda su vida y descubre que todo han sido mentiras y engaños. Arrojan a la plaza pública su intimidad, recuerdan su crueldad, hacen desfilar ante sus ojos a los miles de egipcios torturados hasta la muerte o desaparecidos. Las arañas se vuelven a enzarzar. Tiene un dolor atroz. Se entera de lo que es sufrir, y se asombra.

El desprecio que le inspira el pueblo es más absoluto que nunca. Se dice: «Sin mí, los egipcios no sabrán nunca qué hacer. Los conozco: son perezosos, carecen de rigor, no son nada exigentes; se les puede comprar con cuatro perras; llevarán al país a un callejón sin salida, a un estancamiento económico, político y social. Tras los festejos y la alegría desbordante, volverán a la amarga realidad de lo cotidiano. Entonces llamarán llorando a mi puerta, estoy convencido, pero les dejaré que se ahoguen en su mierda. Es lo que se merecen. La corrupción es una segunda naturaleza en ellos, no se resistirán.

»Pero ahora... ya mismo... tengo que ocuparme de mi jaqueca... Veo arañas por todas partes... Todo negro... No veo nada... Estoy acabado... ¿Así es como mueren los grandes hombres?

¡Qué vergüenza, qué decadencia! Quiero estar solo… Suzanne, mi mujer, ha sido buena para este país… Ha empleado su tiempo y su energía en dignificar la vida social… Pero estamos rodeados de ingratos, de hijos de puta… Eso es… ¡Ay!, pierdo el equilibrio, me voy a caer, nadie viene a ayudarme… Observo la belleza eterna de este país… Comprendo ahora por qué tantos turistas vienen a visitarlo… Una cosa es segura: moriré aquí, no moriré en ningún otro lado…».

En la cabeza de Ben Ali

MIENTRAS MUBARAK sufre ese tremendo dolor de cabeza, ¿qué hace Ben Ali, el tunecino que huyó de su país el 14 de enero? Está exiliado en Arabia Saudí; parte de su fortuna ha sido bloqueada en los bancos europeos, y confiscados todos sus bienes inmobiliarios en Francia (los suyos y los de la gente de su entorno). Tendrá que probar que los adquirió con dinero propio, como, por ejemplo, con su sueldo. Uno de sus aviones privados está retenido en Francia, en el aeropuerto parisino de Le Bourget.

¿Cómo pasa sus días? Se dedica a ver la televisión. Se está descuidando. A él también se le han quitado las ganas de teñirse el pelo. Está deprimido. Vive en una jaula dorada. No puede salir. Ni siquiera ir a tomar un café al centro comercial más cercano. A Ben Ali le gustaría poder llorar. Recuerda el cuerpo vendado de Mohamed Buazizi y lo maldice. Ben Ali ya no cree en Dios. Dios está con los pobres, con los de la misma condición de Buazizi.

«Ha bastado con que ese imbécil se dejara llevar por la ira y prendiera fuego a su ropa para que yo, que no he hecho sino aportar prosperidad a los tunecinos, me encuentre en este palacio, solo, sin mis amigos, sin ninguna diversión, ¡sin nada! Y esas televisiones del mundo entero me desquician, dicen tonterías. Tengo la cabeza llena de unas imágenes terribles. Solo la *fauda*, el desorden y el pánico interesan a los periodistas. ¿Revolución? ¡Más bien anarquía! Van a destrozar ese bello país; yo logré que acudieran a él millones de turistas; creé una clase media; acabé con los islamistas; me esforcé por tranquilizar a los occidentales, y ahora todos me dan la espalda. El ser humano es ingrato por naturaleza. Odio a la humanidad. Odio este palacio, este aire acondicionado exagerado, los paquetes de kleenex metidos en cajas doradas, odio estos paisajes amarillos, blancos, y además no me gusta su comida. Aunque, en realidad, me trae sin cuidado, he perdido el apetito; ¡ese hijo de puta de Buazizi me ha destrozado la vida! Túnez eligió el caos: pues bien, ahí lo tiene, que lo disfrute, lo va a probar. Es un país de ingratos y cobardes; cuando venían a verme para solicitar un puesto o que interviniera en algún asunto, se desvivían por servirme; ¡ahora se envalentonan! ¡Desgraciados! ¡Miserables! ¡Hacerme esto a mí, con lo que yo me he sacrificado por ellos! Les ha costado mucho tiempo levantarse. Pueblo de borricos y de hombres sin pelotas. Si Dios existe, si existe el Juicio Final, habrá un enfrentamiento extraordinario.

»La gente se cree que un jefe de Estado es de hierro, de acero inoxidable. Yo tengo corazón, tengo sentimientos, me gustan los jardines y los ramos de rosas, me gusta la vida tranquila y agradable, y las puestas de sol de La Marsa.

»Lloré de emoción cuando nacieron mis nietos. Sí, yo, el *rais*, he llorado. Hoy ya no me quedan lágrimas. Solo rabia, odio. No lo he hecho bien, no supieron aconsejarme. Tendría que haber luchado como Gadafi. Está loco, pero no depone las armas, no abdica.

»Gadafi ha durado diez años más que yo. Se ha enriquecido más que Mubarak y yo juntos. Se enfrenta al mundo entero. Su locura lo llevará a la victoria. Matar a centenares de libios no tiene importancia para él; lo único que le importa es salvar su pellejo y no terminar ante un tribunal como Sadam Husein. Jamás olvidaré las imágenes de Sadam el día en que lo encontraron en su escondite, un auténtico zulo. Tenía el aspecto de alguien sorprendido en mitad del sueño, unas manos hurgaban en su pelo como si estuvieran buscando piojos, otras verificaban el estado de su dentadura... ¡Qué suprema humillación!

»Por lo que a mí respecta, jamás imaginé que llegaría el día en que tendría que irme, dejar el país y mendigar asilo. Al menos me he librado de ese vergonzoso registro ante las cámaras de la CNN y Al Yazira. Si hemos caído es gracias a la labor de zapa y de propaganda de ese grupo de Hermanos Musulmanes que, desde el comienzo, se hicieron con el poder en Al Yazira. El emir de Catar es muy listo, o, mejor dicho, su mujer, la jequesa Mozah. Fue suya la idea de esa cadena de televisión que nos ha matado. Por supuesto, no dice una palabra sobre la situación de Catar, y, sin embargo, examina con lupa el más mínimo suceso en los demás países árabes y lo retransmite una y otra vez. De ahí surgió el complot. De tanto repetir que fulano o mengano es un dictador, la gente termina por creerlo. Aunque no se puede olvidar que mis yernos, esos hijos de nuevos ricos, no me han ayudado. Y mi mujer perdió el sentido de la medida, quiso adueñarse de todo, controlar todo. Ningún hombre en Túnez es capaz de enfrentarse a su mujer cuando ésta decide tomar el poder. Lo sé por experiencia. En vano le repetía "ten cuidado, di a tu sobrino que no exagere, un día las cosas se nos van a torcer...". Pero ella estaba convencida también de que esa vida en la que todo nos estaba permitido era eterna. Todo iba bien. Túnez estaba tranquilo. Las comisarías y sus policías hacían su trabajo con total discreción. La prensa extranjera no entraba en el país. Los turistas disfrutaban como locos en Djerba y Tozeur. Hasta que una pandilla de impresentables, arengados por unos parados, unos gamberros y unos inútiles, desbarató todo. Antiguamente se decía: "Hay que aplastar al árabe; si no, será él quien te aplaste". No he prestado suficiente atención a ese mensaje.»

¿Revuelta? ¿Revolución?

ESA PRIMAVERA en pleno invierno no tiene parangón en la historia reciente del mundo, a no ser, en cierta medida, con la Revolución de los Claveles de Portugal, en abril de 1974. Hasta ahora, los pueblos árabes se habían acostumbrado a aceptar y sufrir su suerte con resignación. Aunque, por supuesto, en la región se produjeron algunos movimientos de revuelta que siempre fueron reprimidos con dureza, y los opositores, eliminados. Tanto en el Magreb como en el Mashreq, no se reconoce al individuo. Todo está conformado para impedir que emerja en tanto que entidad singular y única. Fue la Revolución Francesa la que permitió a los ciudadanos franceses convertirse en individuos con sus derechos y sus deberes. En el mundo árabe, solo se reconoce al clan, a la tribu, a la familia, no a la persona como individuo. Pero el individuo es una voz, un sujeto al que el grupo no puede someter ni controlar. Es una persona que tiene algo que decir y que lo dice participando en elecciones libres y limpias. Ésa es la base de la democracia; se trata de una cultura que se asienta en un contrato social; se elige a alguien para que represente al pueblo durante un periodo determinado y, cuando éste acaba, se le renueva el mandato o se elige a otro.

En el mundo árabe, los presidentes de la República se comportan como monarcas absolutos y se mantienen en el poder por la fuerza, por la corrupción, por la mentira y el chantaje. Bachar al Asad sucedió a su padre Hafez al Asad. Se supone que Seif al Islam sucederá a su padre, Gadafi, cuando éste muera. Mubarak intentó imponer a su hijo como sucesor, pero la revolución de enero echó todos sus planes por tierra. El principio siempre es el mismo: una vez llegados al poder, piensan que se han instalado en él para la eternidad, lo quiera el pueblo o no. Para no enojar demasiado a los occidentales, instauran una especie de «democracia formal», un simple maquillaje, una cortina de humo para los observadores. En realidad, tienen todo el poder en sus manos y no toleran la más mínima protesta, ninguna oposición. El país es su coto de caza, disponen de sus ingresos, hacen negocios, se enriquecen y ponen a buen recaudo su fortuna en bancos suizos, estadounidenses o europeos.

En Túnez y en Egipto ha tenido lugar una protesta de orden tanto moral como ético. Un rechazo absoluto y sin concesiones del autoritarismo, de la corrupción, de la expoliación de los bienes del país; un rechazo del nepotismo, del favoritismo; un rechazo de la humillación y de la ilegitimidad que llevó al poder a esos dirigentes que adoptan métodos propios de la mafia. Es una protesta para inculcar, al fin, un poco de higiene moral en una sociedad explotada y humillada.

Por eso no se trata de una revolución ideológica. Como ya he dicho, no ha habido líder, jefe o partido a la cabeza de la revuelta. Millones de personas normales y corrientes han salido a las calles porque ¡ya estaba bien! Se trata de una revolución de nuevo cuño: espontánea e improvisada. Una página de la historia que se va escribiendo día a día, sin plan, sin premeditación, sin trampas ni trucos. A semejanza de los poetas, que escriben bajo el dictado de la vida y se rebelan para lograr días mejores.

La responsabilidad de los dirigentes europeos en el mantenimiento de esos regímenes impopulares y autoritarios es grande. Dos razones los han impulsado a callarse y dejar que todo siguiera igual. La primera es que pensaban que tanto Mubarak como Ben Ali impedían el advenimiento de una república islámica de tipo iraní. La segunda, que la perspectiva de jugosos contratos y negocios merecía hacer la vista gorda en lo que al respeto a los derechos humanos se refiere.

En ambos casos, los europeos se equivocaban. La revolución iraní fue posible porque el chiismo se estructura sobre la base de una jerarquía claramente establecida (imán, mulá, ayatolá...). Para los chiíes el islam es político o no es, como declaró Jomeini a su llegada a Teherán. La revolución iraní fue, pues, preparada durante mucho tiempo, como reacción, entre otras cosas, a la represión bárbara que ejercía la Savak, la policía política del sah. Una revolución estructurada, administrada, con su logística y sus planes. El islam suní, por el contrario, no concibe la práctica de la religión en términos jerárquicos. Sigue las normas del Corán, que dicta que en el islam no hay sacerdocio. Ni sacerdote, ni rabino ni ayatolá. En el plano político, pues, en los países árabes hay diversas corrientes, y el islamismo no es más que una de ellas. En Egipto, por ejemplo, solo un golpe de Estado militar permitiría a los islamistas llegar al poder. Y para ello sería necesario que todo el ejército fuera islamista, cosa absurda.

En lo que se refiere al segundo caso, los occidentales miran para otro lado en cuanto ven negocios, ya sea en China, en Libia o en Argelia. Pero desde que Barack Obama evocó el respeto a los derechos humanos ante su huésped chino en enero de 2011, ya no es tan fácil dar prioridad a los negocios frente a los derechos humanos.

En plena crisis tunecina, los medios de comunicación franceses nos informaron de que varios ministros habían aceptado invitaciones privadas a Túnez y Egipto, y mantenían un perfecto compadreo con unos dictadores de los que sabían todo, incluido el modo en que torturaban y hacían desaparecer a sus opositores. ¡Qué hipocresía, qué manera de cerrar los ojos ante la evidencia!

Estas revoluciones tendrán al menos una ventaja: ya nada será como antes. Ni dentro de esos países ni fuera. Los regímenes de los países árabes en los que hay condiciones para que la gente se movilice y se rebele deberán reformar su sistema y estar mucho más atentos al respeto a los derechos de la persona. El ciudadano no será ya un súbdito sometido, a disposición de un poder arbitrario y despreciativo. Será un individuo con un nombre, una voz y todos sus derechos.

En cuanto a los países europeos, deben pensar en la posibilidad de que su juventud desamparada, no reconocida, abandonada en los barrios periféricos, golpeada por un paro del 45 por 100, vea en el viento de libertad árabe un llamamiento a levantarse, y esta vez lo haga con la suficiente determinación como para llegar hasta el final. El desprecio y el racismo terminan siempre por ser contraproducentes.

Túnez

Diciembre 2010-Enero 2011

El himno nacional tunecino termina con estos versos del poeta Abul Kacem Chabbi:

El día en que el pueblo desee vivir
El destino responderá
Las tinieblas se disiparán
Se romperán las cadenas

Los manifestantes cantaban esta estrofa que sus abuelos recitaban durante la lucha por la independencia en 1956.

El régimen de Ben Ali era comparable a una ocupación colonial; ilegítimo y feroz, pues. Durante más de veinte años se dedicó a tejer las redes y las estructuras necesarias para poner el país a su disposición. Con el pretexto de preservar a Túnez del peligro islamista, todo estaba permitido ante la mirada aprobadora y alentadora de los Estados europeos.

Es FRECUENTE QUE, durante los periodos de revolución y resistencia, los poetas se sientan inspirados por la musa de la creación. Tras Túnez, que está poniendo en marcha una nueva forma de vivir y trabajar, Egipto trastoca la creencia de que el mundo árabe es un bloque maldito, abocado a las dictaduras y la regresión. Algunos escritores han dedicado su vida a denunciar esa maldición. Los poetas son siempre visionarios, anticipan aquello que debe sin ninguna duda cambiar. Los dictadores harían bien en leer a esos poetas a los que, en general, desdeñan. Pues siempre termina por llegar el día en que la resistencia popular se convierte en una suerte de poema, como hemos visto los pasados meses en las calles de Túnez y, después, de Egipto.

Hoy se habla de la caída de un inmenso muro de Berlín. En efecto, muchos muros, muchos tabúes, muchos bloqueos se están cayendo a pedazos. Los poetas siempre tienen razón: el ruso Vladímir Mayakovski, el turco Nazim Hikmet, el palestino Mahmud Darwish, el iraquí Chaker Assayab, el egipcio Ahmed Chawki, cada uno a su modo, alzaron la voz para denunciar lo intolerable: la necesidad vital de libertad y de justicia. Y, sin embargo, ningún régimen autoritario ha tomado en serio lo que decían los poetas o los artistas sobre la sociedad.

Todo el mundo sabía lo que pasaba en las comisarías de los países árabes; la prensa internacional hablaba con frecuencia de la represión de que eran víctimas la gente del pueblo, los desheredados, los olvidados, los que sufren injusticias y no pueden expresarse ni defenderse. Muchos periodistas o militantes en el exilio han escrito libros que denunciaban esas dictaduras, consideradas «blandas» por unos dirigentes occidentales demasiado benevolentes. Pero unas cuantas voces dispersas no logran jamás derrocar las dictaduras; ha sido necesaria una innumerable serie de incidentes, choques con la policía, injusticias flagrantes, actos intolerables, para que por fin saltara la chispa.

Así se vive en los países en vías de desarrollo, así se muere en los países donde la estabilidad y la seguridad están garantizadas para mayor tranquilidad de los occidentales y mayor desprecio del ciudadano, de sus libertades, de sus derechos.

TODO EL MUNDO APOYÓ la llegada al poder de Ben Ali a finales de los años ochenta. Se llegó a hablar incluso de «golpe de Estado médico». La mañana del 7 de noviembre de 1987, aquel a quien Habib Burguiba había nombrado ministro del Interior, y luego primer ministro, entra en palacio y secuestra a un viejo enfermo, lo saca de la cama y le anuncia que ya no es presidente. La víspera, había reunido en el Ministerio del Interior a siete médicos y los había obligado a firmar un certificado testificando «la incapacidad de Burguiba para gobernar». Se dice que uno de los médicos se negó a firmar porque hacía dos años que no visitaba a Burguiba y que Ben Ali, que desde hacía tiempo había ido colocando a gente suya en todas las instituciones, lo conminó: «Firma, no tienes elección».

Había destituido a un gran señor y se apoderaba de su puesto sin rubor, sin pudor. Es evidente que Burguiba podía haberse ido por propia voluntad, tomar la decisión de dimitir porque su salud ya no le permitía gobernar. Pero cuando se está en el poder, se actúa como contaminado por un virus. Solo Léopold Sédar Senghor, el presidente de Senegal, se fue voluntariamente para dedicarse a la escritura, a la poesía, a la lectura. Pero no todos los jefes de Estado son poetas, ¡ni mucho menos!

Recordemos ahora la audacia y modernidad políticas de Burguiba. En primer lugar, fue él quien negoció con Francia la independencia de su país. Luego, insertó a Túnez en el engranaje de una modernidad rara en esa época en el mundo árabe. Cambió el estatuto de la familia, y, durante mucho tiempo, Túnez fue el único país árabe que reconocía los derechos de la mujer: la poligamia estaba prohibida, el divorcio, autorizado, y el aborto, legalizado (¡mucho antes que en Francia!). Eran unos cambios revolucionarios. Fue el único estadista que predicó la laicidad personal y públicamente: un día de ramadán, en marzo de 1964, acudió a la televisión y, en directo, se bebió un vaso de zumo de naranja ante unos telespectadores estupefactos. Justificó su gesto por razones económicas. No era tolerable que la economía del país estuviera al ralentí durante un mes entero porque los trabajadores ayunaran y no tuvieran ni la fuerza ni la energía necesarias para cumplir con su trabajo. Durante décadas, los tunecinos tuvieron libertad para ayunar o no ayunar. Los cafés y restaurantes estaban abiertos, la gente consumía con toda tranquilidad, y nadie molestaba ni lanzaba reproches a los que hacían el ramadán por convicción religiosa.

El 3 de marzo de 1965, Burguiba pronunció en Jericó un discurso visionario, imposible de aceptar entonces. Aconsejó a los árabes que «normalizaran sus relaciones con el Estado de Israel» argumentando que «la política del todo o nada solo ha logrado llevar a los palestinos a la derrota». Se puso en contra a todos los jefes de

Estado árabes, empezando por el egipcio Nasser, cuyo nacionalismo fanático criticaba. La población de los países árabes salió a la calle en masa para protestar por la capitulación de «un traidor a la sagrada causa de Palestina». Pero ello no disuadió a Burguiba de pedir en la ONU «la creación de una federación de los países árabes de la región e Israel».

Dos años más tarde, el 5 de junio de 1967, Israel desencadenaba una guerra relámpago contra Egipto, Siria, Jordania e Irak. *Naqba* es el nombre que se da en árabe a una catástrofe. Hoy los palestinos soñarían con recuperar sus territorios de antes de junio de 1967... pero Israel no les cederá ni un metro cuadrado.

Burguiba era un hombre laico, culto, un estadista, pero su temperamento autoritario truncó su trayectoria. A pesar de sus reformas, fue un presidente injusto, sobre todo con los que se oponían democráticamente a su política. ¿Pero era una razón suficiente para que Ben Ali, un militar casado con una peluquera, lo depusiera como si de un trasto viejo se tratara?

En los primeros tiempos de su toma de poder, Ben Ali no hizo demasiados cambios. Continuó las reformas de Burguiba, principalmente en el ámbito de la educación. Llamó a Mohamed Charfi, un militante de los derechos humanos, y le confió el Ministerio de Educación Nacional con el cometido de borrar de los manuales escolares la ideología islamista y fanática. Mohamed Charfi reunió a un equipo de cincuenta profesores y realizó una labor inestimable. Reescribió todos los libros de texto inspirándose en el espíritu de la Ilustración y de la apertura crítica. Ben Ali lo animó en su trabajo. Pero, una vez finalizada la misión que se le había encomendado, Charfi dimitió y recuperó su libertad.

Pronto, la lucha contra los islamistas integristas se convirtió en una de las obsesiones de Ben Ali y se transformó en una caza de brujas con detenciones arbitrarias, torturas en las comisarías o encarcelamientos en las peores condiciones imaginables. Con el pretexto del peligro islamista, Ben Ali ejerció el poder de un modo cada vez más dictatorial, propagando el miedo por todo el país, prohibiendo la prensa extranjera o persiguiendo a todos los opositores, fueran o no islamistas. Gracias al crecimiento económico y a la gran estabilidad lograda por la represión, Ben Ali fue considerado en seguida por los occidentales una «barrera contra el islamismo» que les proporcionaba seguridad. Así, durante tres décadas, y sin que nadie lo importunara, Ben Ali sometió a su país a una dictadura en la que el ciudadano tunecino no tenía literalmente ningún derecho. Túnez se había convertido en su negocio privado. Su familia, tanto en el sentido estricto como en el más amplio, se aprovechó de ello a manos llenas y sin ningún recato. Uno de sus hermanos, detenido en Francia por un asunto de tráfico de drogas, fue puesto en libertad y pudo volver tranquilo a las mansiones doradas de Túnez. Mientras eso ocurría, se detenía a los militantes, y los jóvenes licenciados universitarios vagaban por las calles sin trabajo, cuando no iban a engrosar las filas de los candidatos a la emigración clandestina.

Túnez y su presidente, que era reelegido cada cinco años con unos resultados cercanos al 99 por 100 de los votos, siempre fueron bien considerados por las cancillerías occidentales. Durante sus visitas oficiales a Europa, Ben Ali era aplaudido, celebrado y considerado un ejemplo por «la buena progresión de la democracia» en su país. ¡Parece mentira! Cuando huyó como un ladrón (como lo que es), las televisiones volvieron a retransmitir los discursos de Jacques Chirac, Nicolas Sarkozy, Dominique Strauss-Kahn, Silvio Berlusconi... El telespectador se quedaba atónito ante el contraste entre lo que esa gente decía en presencia de Ben Ali y lo que balbucían cuando el sinvergüenza huía. Así es la *realpolitik*.

GRACIAS A SU IMAGEN de alumno aplicado, Túnez se había convertido poco a poco en un destino turístico muy apreciado. La economía y el empleo se beneficiaron de ello. El visitante no veía ninguno de los aspectos escandalosos del régimen a no ser que se tratara de un sagaz periodista o de un escritor observador. Yo pude comprobarlo en 2005, cuando fui invitado por el Centro Cultural Francés de Túnez para hablar ante estudiantes universitarios y alumnos de secundaria. Pronto me di cuenta de que era seguido por policías de paisano que no me dejaban ni a sol ni a sombra. En público, los estudiantes me hacían preguntas literarias, pero en cuanto terminaba la conferencia venían a verme y me hablaban en susurros. Acabé detestando aquel viaje y su atmósfera plomiza. Los periodistas que se atrevieron a denunciar ese sistema hiperpolicial fueron, llana y sencillamente, encarcelados. El más célebre de ellos, Taufik Ben Brik, pasó seis meses en prisión, entre 2009 y 2010, tras un juicio en el que no se dijeron más que mentiras. El régimen no soportaba su tono libre y sus críticas, en especial sobre la tortura y las desapariciones de opositores.

El atentado a la sinagoga de Djerba (que tuvo lugar el 11 de abril de 2002 y causó 21 muertos) reveló a los observadores más atentos que, si bien Ben Ali había sabido acallar a los islamistas de su país, su policía no había sido capaz de impedir que Al Qaeda perpetrara actos sangrientos en su territorio. El kamikaze procedía de una familia emigrada a Francia y tenía conexiones con un alemán convertido al islam...

La chispa

NUNCA HABÍA OÍDO hablar antes de esa pequeña ciudad llamada Sidi Buzid. Y, sin embargo, allí surgió todo. Un incidente banal, frecuente, tan recurrente que terminó por desencadenar lo irremediable.

Érase una vez un joven de 28 años, universitario en paro, que vivía con su madre y sus hermanos y hermanas. Para ganar un poco de dinero se había hecho con un puesto callejero, una especie de carreta en la que vendía fruta y verdura de temporada. Un vendedor ambulante como los que abundan en las ciudades del Magreb. Con frecuencia, los coches se paran delante de ellos, en doble fila, para una compra de última hora. Esos vendedores no tienen medios para instalar una tienda. Son pobres que viven al día. Su carreta entorpece con frecuencia la circulación, pero la gente no protesta. Y si uno «compra» el favor de un policía del barrio, puede estar tranquilo y vender su mercancía sin que nadie lo moleste. A veces, para demostrar su competencia a su jefe, por exceso de celo profesional, el agente obliga al vendedor a irse a otro lado. Hay lugares más estratégicos que otros —los de mucha circulación son evidentemente mejores para el comercio—, y hay que «pagarlos». Deslizar uno o dos billetes al agente es indispensable. Entre la policía y los vendedores se establece una relación de dominante y dominado, como ocurre con las mafias de barrio en Italia. ¿Quieres trabajar? Pues tienes que pagar. Si el vendedor se resiste, verá cómo le vuelcan la carreta o se la confiscan por «desorden en la vía pública».

Lo que gana un vendedor ambulante no es ninguna fortuna. Apenas lo suficiente para alimentar a su familia. No se conoce a ningún vendedor de fruta y verdura que se haya hecho rico. Mohamed Buazizi formaba parte de esa población que trabaja duramente a diario para intentar vivir con dignidad. Se negaba a ejercer la mendicidad, a los trapicheos mafiosos, al robo y a todo lo que no fuera legal. Veía a Ben Ali y a su numerosa familia, la suya y la de su mujer, enriquecerse sin rubor a costa del país. Como todos los ciudadanos tunecinos, estaba al corriente de las extravagancias de los yernos, hermanos, cuñados, primos y amigos de Ben Ali, pues esa camarilla no se escondía a la hora de embolsarse los millones. Todos los grandes negocios, todas las grandes empresas, todas las inversiones extranjeras debían pasar por la «ley Ben Ali-Trabelsi». Era un sistema que nadie ignoraba; se hablaba de él, y luego se añadía: «Miramos para otro lado porque Ben Ali ha acabado con los islamistas». Los burgueses de Túnez, La Marsa, Sidi Bu Said o Hamamet presumían de vivir en un país con una «seguridad impecable», «sin robos, sin atracos en la calle, la policía funciona a la perfección». La gente que colaboraba con el régimen vivía con un confort y un bienestar notables. Estaban agradecidos a Ben Ali, ese ex militar que tan bien había sabido explotar las riquezas de su país. Los políticos franceses e italianos citaban con frecuencia a Túnez como ejemplo en el mundo árabo-musulmán. El líder islamista Rachid Ganuchi se había refugiado en Londres y no se había vuelto a oír hablar de él ni de su movimiento Ennahda. El islamismo había sido enterrado.

A LA MUERTE de su padre, obrero agrícola, Mohamed Buazizi debe abandonar sus estudios. Tiene a su cargo a toda la familia, es decir, siete personas. Compra una carreta y decide vender fruta y verdura en la calle. Pero no tiene autorización. La policía municipal lo persigue. Se niega a pagar. De todos modos, no tiene con qué. Los policías no lo dejan en paz. En cuanto lo ven, lo echan y lo amenazan con confiscarle la carreta y la balanza. La mañana del 10 de diciembre de 2010 tropieza con unos policías especialmente perversos que le arrebatan su bien. Uno de ellos es una mujer que le da una bofetada, mientras el otro le escupe. No hay mayor humillación. Intenta recuperar su instrumento de trabajo, explica que tiene que alimentar a siete personas, que no hace daño a nadie… La feroz agresividad de los agentes se multiplica. La cólera aumenta. Mohamed decide dirigirse al Ayuntamiento; nadie lo escucha. Acude a la sede del Gobierno Provincial… En esos momentos, todo el mundo ignora que esa humillación será la chispa de una revuelta de consecuencias gigantescas…

Pasamos la vida tragándonos la bilis, aceptando el destino, intentando convencernos, repitiéndonos que un día saldrá el sol, que la vida no es solo una acumulación de desastres. Mantenemos la esperanza, rezamos, observamos a nuestro alrededor: la belleza de los árboles, el vuelo de un pájaro, la visita de una mariposa, la sonrisa en la cara de un niño. De repente sentimos confianza en la humanidad, nos decimos que ya pasará, que no es más que un mal momento, que Dios es grande y nos abrirá puertas. Pero ese día, Mohamed se topó contra un muro de cemento armado. No veía ninguna salida a su destino. No hallaba ninguna mirada de ayuda en la gente a la que acudía en busca de socorro. Ninguna mano tendida, ninguna frase de ánimo, ninguna justicia. Mohamed es el ciudadano universal que ya no aguanta más. Habría podido pensar en Ayub —el Job del Corán— y en la paciencia que demuestra para soportar todo lo que Dios le envía. Pero no lo pensó. Job está lejos. Todo el mundo está lejos. No hay nadie junto a él. No ve ni a su madre ni a su querida hermana Leila. Se siente aislado, abandonado. Dios lo ha abandonado. Está convencido. Levanta la vista al cielo de esa fría mañana de diciembre. Nadie le ha echado una mano. A la soledad más absoluta se añade el sentimiento de una injusticia intolerable. La bofetada, el escupitajo. Eso no se le hace ni a un perro. Su humanidad ha sido anulada, como se borra el maquillaje de un rostro. No tiene cara, ni mirada, ni amor propio. Su dignidad ha sido despedazada, aplastada bajo las botas de los policías municipales. Se dice: «Parece mentira lo malvados que pueden ser los pobres con los que aún son más pobres que ellos». Pues esos policías son unos desgraciados que viven gracias a la corrupción; son serviles, corren como esclavos cuando el gobernador los llama para que le lleven un café o para que le hagan un favor personal. Obedecen, se desviven para servir a la autoridad. Bajan la cabeza y los ojos para complacer a los que les han dado el puesto. Todo el mundo lo sabe. Estar en deuda es un modo de esclavitud moderno. Por eso se exceden en sus atribuciones. Toman iniciativas, se consideran jefes, pequeños, pero jefes al fin y al cabo. Dan órdenes con la misma arrogancia, con la misma soberbia que sus superiores. Un vendedor ambulante es un pobre ideal. Lo pueden despreciar porque lo tienen agarrado por las solapas, le pueden confiscar su carreta, y, si no está contento, que reviente. «¡Que reviente!» Parece que ésas son las palabras que dijo Ben Ali cuando supo que el vendedor se había inmolado a lo bonzo.

Mohamed Buazizi tuvo que soportar quince días y quince noches de sufrimiento antes de reventar literalmente. Como un perro, como una piltrafa, como un fantasma, anónimo, como un pobre. Ser pobre en Túnez, en Egipto, en Yemen y en muchos otros países es verse destinado a reventar como un perro, bien porque un policía municipal te empuje al suicidio, bien porque, cuando caes enfermo, no puedes cuidarte y revientas por falta de medicamentos, por falta de asistencia.

Decidió acabar con todo. ¿Pero qué lo llevó a inmolarse a lo bonzo? No encaja en absoluto con la tradición y cultura del Magreb, ni con el islam, que prohíbe el suicidio. Quien decide desafiar a Dios yendo voluntariamente a la muerte repetirá su gesto hasta el infinito. Mohamed debía de haber visto imágenes de bonzos o bien había oído hablar de ellos. Es un gesto espectacular, su significado es rotundo y directo, en él no cabe ambigüedad alguna. El fuego no deja nada. Se lleva todo. Hace sufrir horriblemente. Mohamed se inmoló en público, ante la sede del Gobierno Provincial, ante esa Administración que se había negado a escucharlo y hacer justicia. Sabía que no recuperaría su bien, que los agentes no se lo devolverían, que sus superiores no iban a tomar partido por él ni acudir en su ayuda. Sabía que, en ese país, el pobre está condenado por el simple hecho de ser pobre. Entonces debió de decirse que su desesperación podía desembocar en algo que impresionara a los otros, a los que se habían mostrado indiferentes, a los que habían sido injustos, a los que no podían hacer más que pasar de largo, pues el destino de un vendedor ambulante no interesa a nadie.

¿Ahorcarse en casa? No habría servido de nada… ¿Cortarse las venas? Tampoco… ¿Atiborrarse de somníferos? En primer lugar, no podía comprarlos, y sería un suicidio silencioso. La gente diría: el pobre, ha tenido una muerte dulce… ¡murió mientras dormía! No, Mohamed quería morir y que su muerte fuera útil a los demás, útil a los pobres, útil a su país. Quizá no pensó en todo su país, pero mientras se rociaba con gasolina y prendía la cerilla le dio tiempo a pensar en su madre, en sus hermanos y hermanas, en su padre; a pensar que era mejor ir a reunirse con su padre que vivir humillado, sin dignidad, sin dinero, entregado a los caprichos de unos pequeños canallas cuyo veneno es tan terrible como el de los grandes.

Las llamas brotaron inmediatamente. Él no se movió. Cuando la gente corrió a socorrerlo, era demasiado tarde: el fuego había sido más rápido que ellos y había terminado su trabajo. Mohamed respiraba aún, pero en un cuerpo carbonizado, un cuerpo cuya alma olía ya al perfume del paraíso, o quizá a las llamas del infierno. Lo llevaron al hospital de Sfax, luego al centro de grandes quemados de Ben Arus, cerca de Túnez. Su cuerpo se resquebrajaba. El alma no lograba salir, la ceniza se lo impedía, la mantenía prisionera en un cuerpo que no era un cuerpo, solo el testimonio de lo que puede provocar la humillación.

Yacía vendado de la cabeza a los pies en su cama de hospital; la gente esperaba que, por arte de magia, las vendas se desenrollaran ante sus ojos y las cámaras de televisión, y que poco a poco surgiera un cuerpecito endeble, como por impulso de un ángel o un Dios apiadado de ese pobre hombre que acababa de ofrecer su vida en sacrificio a once millones de ciudadanos.

El 19 de diciembre los habitantes de Sidi Buzid se manifestaron. Fue el comienzo de lo que luego se denominaría la «Revolución del Jazmín».

Unos días más tarde Ben Ali visitaba a Mohamed Buazizi en el hospital. Imágenes grotescas de un presidente que se muestra paternal con aire de estar maldiciendo en su interior a ese estúpido pobre cuyo gesto ha provocado las primeras manifestaciones. Pero ese ser cuyo cuerpo se ha transformado en momia no durará mucho. Muere el 4 de enero. Diez días más tarde es el régimen de Ben Ali el que entrega su alma. El presidente huye, mendiga aquí y allá asilo, y termina por aterrizar en Yedá: la tierra de islam no puede negar hospitalidad a un musulmán. Su mujer y su familia han huido con anterioridad y están ya muy lejos.

Mohamed Buazizi se convirtió así en un héroe a su pesar. Su sacrificio fue útil. Sin duda es lo que él esperaba, pero ni él ni nadie podían prever la magnitud de sus consecuencias. Lo que pasó es sencillamente histórico. No solo Túnez se levantó en medio de la calma y la dignidad (la violencia procedió de la policía, cuya brutalidad causó varias decenas de muertos y centenares de heridos), sino que el pueblo, sometido durante veintitrés años a una dictadura silenciosa, logró desembarazarse de Ben Ali, de su familia y de su clan especulador y mafioso.

Dos AÑOS ANTES, en 2009, Ben Ali había sido reelegido con un porcentaje tan ridículo como humillante (cuando alguien asegura haber sido elegido por un 89 por 100 de los ciudadanos se está burlando del mundo y, de paso, despreciándose a sí mismo). Es tanto más grave cuanto que, según una fuente digna de crédito, solo el 24,7 por 100 de los electores tunecinos acudieron a las urnas. La petición que firmaron meses más tarde una serie de notables del régimen instando a Ben Ali a que volviera a presentarse en 2014 es igualmente grotesca. Ahora podemos calibrar mejor la amplitud del mal que causaba Ben Ali. Según el diario tunecino *La Presse* del 7 de febrero de 2011, se habían estado ocultando a la opinión pública las verdaderas cifras del paro, la emigración, el fracaso escolar... Y según dicho diario, el índice de desempleo entre los licenciados es del 44,9 por 100; el de los jóvenes de 18 a 29 años, del 29,8 por 100; más de 1,3 millones de jóvenes abandonaron los estudios entre 2004 y 2009. Y, por último, el 70 por 100 de los jóvenes tunecinos quiere emigrar a toda costa.

PERO, MÁS ALLÁ de todos los descubrimientos que se han hecho y se harán sobre el régimen de Ben Ali, la muerte de Mohamed Buazizi habrá tenido como consecuencia que Túnez sea un modelo para el mundo árabe. Con razón se ha hablado de onda de choque, de contagio. Egipto, en las semanas siguientes, será la primera nación en tomar ejemplo de Túnez, pese a tener un *rais* mucho más poderoso, feroz y tenaz...

Egipto

Sayed Bilal

ALEJANDRÍA: SE LLAMABA Sayed Bilal, tenía 30 años, estaba casado y su mujer esperaba un hijo. Era musulmán practicante (aunque no militante ni agitador), trabajador y discreto. Vivía cerca de la estación Thahereyya. En la tarde del 5 de enero de 2011 la Seguridad Nacional lo llama: «Esta usted convocado a la comisaría, hoy a las diez de la noche, por un asunto de su interés». Se trata de la comisaría del distrito de Al Raml. Sayed Bilal es un hombre sencillo, pobre, un ciudadano común. En esos países, no es plato de buen gusto que te convoque la policía. Pero como no tiene nada que temer, se monta en un taxi, con la conciencia tranquila, y se presenta a la hora indicada. Nadie lo ha acompañado. No sabe que se acerca su última hora. ¿Quién podía saberlo? Carece de antecedentes penales y nunca se las ha tenido que ver con la policía de su país. Por ese motivo lo han elegido: Sayed Bilal es un hombre del montón.

El interrogatorio empieza con el control de identidad rutinario. Sayed está tranquilo. No se atreve a hacer la pregunta que le quema los labios: ¿Por qué estoy aquí? ¿De qué me acusan? ¿Qué van a hacer conmigo? ¿Qué falta he cometido?

No dice nada, responde como mejor puede y espera a ver por dónde van los tiros.

De pronto, lo cambian de sala. A empujones lo llevan al sótano. Lugar insonorizado, lugar de tortura, lugar desde el que nada se filtra. La policía ha pensado en todo. No hay que molestar a los vecinos. Nada de ruidos ni de escándalos, pues ocurre que a veces algunos ciudadanos gritan si se los golpea muy fuerte. Gritan. Los gritos dañan el oído del torturador y pueden traspasar el corcho aislante de las paredes.

Sayed nunca ha bajado a estos sótanos. Ha oído hablar de ellos. Sabe que es donde torturan. Pero él no ha hecho nada para que lo maltraten. Hace un rato tenía la conciencia tranquila, ahora empieza a dudar. Rememora los acontecimientos de los últimos días. Se pregunta: «¿Quizá hablé con alguien con quien no tendría que haber hablado? ¿Quizá me han visto con algún conspirador, algún horrible terrorista que intenta desestabilizar el país? No creo, fui a trabajar, luego regresé a casa, mi mujer me necesita, ya está en el séptimo mes de embarazo, no quiero que se canse, por eso mis padres vienen a menudo a echarnos una mano. Cumplo con los mandamientos de Dios. ¡Ah, a lo mejor es eso lo que les ha molestado: Dios! Quizá desconfían de los que tienen fe en su grandeza».

—¿Qué hacías el sábado pasado hacia la medianoche?

—Estaba durmiendo en mi casa.

Primera bofetada. Le vuelven a hacer la pregunta. Luego le dicen que lo habían visto por los alrededores de la iglesia de los Dos Santos, donde en la noche del 31 de diciembre un hombre se había inmolado con una bomba, causando la muerte a veintitrés personas e hiriendo a otras noventa.

Por supuesto que había oído hablar de aquella tragedia. Responde que él, «como musulmán», no mata a seres humanos.

A partir de ese momento, empieza en serio la sesión de tortura. Hay que arrancar confesiones aunque no sean verdaderas: ésas son las órdenes. La policía necesita un culpable. Y tendrán que inventarlo por los métodos que sean. Es lo que intentarán con Sayed Bilal. Reconoce que es salafista, que observa rigurosamente la religión. Ser salafista no significa ser terrorista. Además, los salafistas aplican al pie de la letra las órdenes divinas, y en ninguna parte del Corán se dice que haya que poner bombas en una iglesia durante una misa. Pero a la policía le da igual. Sayed tiene que confesar. Como musulmán muy apegado a su fe, pone su vida en manos de Dios y se deja martirizar. Si Dios quiere llamarlo a su lado a través de esa dura prueba, si ésa es la voluntad de Alá, ¿qué puede hacer él? No confiesa nada porque no ha hecho nada y no tiene, pues, nada que confesar. Los torturadores se ensañan con él, lo someten a unas torturas cada vez más crueles; las aprendieron en la escuela de policía, los más veteranos incluso hicieron prácticas en Alemania Oriental. La tortura exige una auténtica técnica. La policía egipcia la domina, sobre todo desde la época de Nasser.

Sayed es el culpable idóneo del atentado del 31 de diciembre. Es inocente, pero a ellos les da igual. El Ministerio del Interior quiere resultados rápidos, quiere mostrar a la prensa, mañana mismo, la cara del terrorista. El comisario de Al Raml presiona a sus agentes torturadores. Pero todo es en vano. A pesar de los sufrimientos padecidos, de la sofisticación de las técnicas de tortura, Sayed Bilal no confiesa nada, por la sencilla razón de que no tiene nada que confesar. Muere de una parada cardiaca, con el cuerpo cubierto de moratones, de hematomas, huellas de golpes y heridas. Ha sido una noche muy larga para todos. Para el desdichado Bilal, para los torturadores, agotados de torturar y deseosos de regresar a sus casas, con sus mujeres e hijos. Larga para el comisario, que no podrá anunciar la buena nueva a sus superiores. Larga para el ministro, obligado a rendir cuentas al día siguiente a su gobierno y reconocer que el sospechoso ha muerto bajo la tortura.

La noche del jueves 6 de enero el cadáver es depositado en la puerta del hospital municipal. La policía vigila. Uno de los enfermeros ve el cuerpo y lo mete dentro. Entre su ropa encuentra su documento de identidad y llama a la familia. Mientras tanto, la policía ha detenido a Ibrahim, el hermano de Sayed Bilal. Quiere impedir que hable. Llegan los padres, reconocen el cuerpo, toman fotos de las huellas de las torturas y, entre llantos, deciden poner una denuncia. Pero la policía interviene de inmediato y les hace comprender que si no se muestran razonables, a Ibrahim le espera el mismo destino que a su hermano.

Solo les quedan las lágrimas y los rezos. La policía les da la orden de enterrar al hijo esa misma noche: hay que evitar el viernes, día de la gran oración. Los padres intentan negociar. No hay caso. A Ibrahim no lo soltarán mientras no obedezcan. Ellos saben que no dudarán en matarlo. Finalmente, entierran a Sayed Bilal poco antes de la medianoche.

Así actúa la policía de Hosni Mubarak.

Ayman Nur

OTRO EJEMPLO: AYMAN NUR, nacido en El Mansura el 5 de diciembre de 1964, diputado y abogado, militante de los derechos humanos y fundador en 2004 de un partido, Al-Ghad [El Mañana]. Demócrata liberal, reclama una reforma de la Constitución que limite los poderes del presidente Mubarak y permita que otros candidatos accedan a la elección presidencial.

¡Atreverse a presentarse frente a Mubarak! ¡Qué escándalo! Es un delito de lesa presidencia, inaceptable para alguien que se considera el faraón de Egipto. Llegado al poder por accidente, Mubarak no tolera la más mínima oposición, y menos aún a aquellos que asumen el enorme riesgo de disputarle su puesto. ¿Qué hace pues la policía?

Para empezar, retira la inmunidad parlamentaria a Nur. ¿Motivos alegados? Es muy sencillo: cuando no existen los hechos, te los inventas. Se le acusa de haber falsificado las firmas necesarias para fundar Al-Ghad. Luego, le retiran la autorización para ejercer la abogacía. Por último, le crean problemas allí donde se presenta. La vida se vuelve un infierno para él. Sin trabajo, sin mandato parlamentario. Algunos de sus amigos lo evitan. Se ve reducido a la nada. El 24 de diciembre de 2005 lo detienen y condenan a cinco años de cárcel. Es diabético y depende de la insulina. Inicia una huelga de hambre. La prensa nacional e internacional empieza a mencionar su caso. Hasta el propio George W. Bush lo califica, en junio de 2006, de disidente. El 18 de febrero de 2009 lo liberan por motivos de salud.

El 28 de enero de 2011 participa en una manifestación junto a un millón de egipcios. Una pedrada en la cabeza lo hiere gravemente…

Kifaya

La palabra *kifaya* significa en árabe «basta», «basta ya», «stop», «estamos hartos», «esto no hay quien lo aguante», «hasta aquí hemos llegado»...

Es el nombre elegido no por un partido, sino por un movimiento, una asociación de la sociedad civil creada en julio de 2004 en El Cairo. Se trata de un movimiento laico, demócrata y en defensa de los derechos humanos. El 12 de diciembre de 2004 empezará por organizar una gran manifestación exigiendo una reforma democrática del sistema político. Anima a boicotear las elecciones del 7 de septiembre de 2005, un modo de reaccionar ante esa mascarada política en la que el partido del presidente Mubarak ocupa el 90 por 100 de los 454 escaños de la Asamblea. Para colmo, solo están autorizados cuatro partidos. El Partido Nacional Democrático de Mubarak es el que manda. Los otros tres actúan de simples comparsas.

Los eslóganes de Kifaya son: «¡Basta de ejército!», «¡Basta de autoritarismo!», «¡Basta de explotación!», «¡Basta de treinta años en el poder!»,

«¡Basta de nepotismo!», «¡Basta de censura!, «¡Basta de corrupción!», «¡Basta de torturas!».

En diciembre de 2006 otra gran manifestación en la que se corearán esos eslóganes se organiza en quince ciudades del país.

Kifaya lucha también contra la política israelí de ocupación y las agresiones mortales contra los palestinos. Acusa a Israel de ser un Estado racista y reprocha con dureza a Mubarak su silencio frente a las matanzas de palestinos a manos del ejército israelí. Lo acusa asimismo de no haberse opuesto a la invasión estadounidense de Irak en 2003.

En 2005, Mubarak declara a propósito de Kifaya: «Siempre se empieza así: unos jovenzuelos occidentalizados arman jaleo, crean el *fauda* [desorden, anarquía], pero son incapaces de tomar el poder, están instrumentalizados por los Hermanos Musulmanes, que son los que salen ganando».

El 4 de mayo de 2010 dos líderes de Kifaya, Abdul Aziz al Huseini y Abdel Halim Qandil, organizan una conferencia de prensa en la que reclaman el fin del régimen de Mubarak e instan a la desobediencia civil.

Ocho meses después, se les hará caso y Mubarak dejará el poder.

Israa Abdel Fattah

UNA OPOSICIÓN QUE LLEVABA trabajando varias décadas preparó los acontecimientos de enero y febrero de 2011. Fue todo menos el azar lo que sacó a millones de egipcios a la calle y les permitió vomitar ese régimen y a quien lo simbolizaba con soberbia y crueldad.

Israa Abdel Fattah es una figura destacada de ese movimiento a quien debemos rendir un homenaje especial. Esta joven militante de los derechos civiles, de 28 años, maneja Internet y Facebook como nadie. Cofundadora del movimiento de oposición 6 de Abril, creado en 2008, trabaja en la Academia Egipcia por la Democracia, una ONG financiada por la fundación alemana Friedrich Naumann.

Ella fue quien convocó a través de Facebook a millones de egipcios para que se echaran a la calle y expulsaran a Mubarak. No tardó mucho en verse en la cárcel, donde pasó quince días, por motivos infundados. Hoy, libre, se ha convertido en un símbolo para toda una generación.

Trescientos muertos en tres semanas

Los observadores de Naciones Unidas cifraron en trescientos el número de muertos en tres semanas en Egipto. Muchos perdieron sus vidas al inicio de las revueltas, cuando la policía disparaba con balas reales. Luego, fueron los militantes del partido de Mubarak quienes atacaron a los manifestantes pacíficos y mataron a muchos. Éstos son los nombres de cinco de ellos, elegidos entre esos centenares de personas muertas al servicio de una revolución espontánea y sin líderes:

* Ahmed Bassiuni, 31 años, profesor de arte contemporáneo, padre de dos hijos. En la mañana del 28 de enero escribe en su página de Facebook: «Me echaré a la calle a recuperar algo de la dignidad de mi país». A la salida de la oración del viernes, la policía

carga contra la multitud. Un jeep del ejército embiste y aplasta a varias personas, entre ellas a Ahmed.

* Ahmed Anuar, 19 años, ingeniero, nacido en Tanta, una ciudad del delta del Nilo, hijo único. Muerto de un disparo en el corazón.
* Karim Banuna, 29 años, ingeniero, muerto de un disparo en la cabeza.
* Islam Abdel Kader, 22 años, estudiante, muerto de un disparo en la cabeza.
* Sali Zahran, 25 años, muerta de un golpe en la cabeza con una barra de hierro.

Algún día habrá que publicar la larga lista de las personas que murieron durante esos días y noches que cambiaron para siempre el rostro y la historia del mayor país del mundo árabe.

El papel de los Hermanos Musulmanes

El movimiento de los Hermanos Musulmanes se fundó en Egipto en 1928 tras la caída del Imperio Otomano. En sus inicios fue un movimiento no violento. Su ideología puede resumirse en dos puntos: renacimiento del islam y lucha contra el colonialismo y la influencia occidentales (que supuestamente habrían introducido la laicidad en los países árabes), valores que comparte con el wahabismo saudí. Pero muy pronto los Hermanos Musulmanes se transforman en un movimiento de oposición política al socialismo popular que Nasser quiere instaurar en el país. En 1949 es asesinado uno de los fundadores. En 1957 Nasser prohíbe el movimiento. En 1966 detiene, juzga y manda ejecutar a Sayed Qutb, uno de los pensadores de esta ideología, un hombre culto que había viajado y residido en Francia y Estados Unidos. A partir de entonces, los Hermanos Musulmanes no dejarán de propagarse y echar raíces en la mayoría de los países árabes.

En 1982 Hafez al Asad decide librarse definitivamente de los Hermanos Musulmanes en Siria. Informado de que se reunían para su congreso en la pequeña ciudad de Hama, permite que se concentren allí y da orden al ejército de cercar la ciudad y arrasarla disparando con sus tanques.

Fue una masacre evaluada en 20.000 muertos. Nadie reaccionó.

Por otro lado, como ya he dicho, aunque la doctrina oficial de los Hermanos Musulmanes sea la no violencia, hoy se sabe que el número dos de Al Qaeda, Ayman al-Zawahiri, formó parte de este movimiento antes de exiliarse y convertirse en uno de los líderes del terrorismo internacional.

Desde el punto de vista político, nunca fueron reconocidos como partido por el régimen egipcio, que se limitó a tolerarlos. Aunque no se denominan Hermanos Musulmanes, 88 de los 454 diputados del Parlamento egipcio pertenecen a este movimiento.

El 6 de febrero de 2011 Omar Suleiman, nombrado vicepresidente durante las manifestaciones que exigían la salida de Mubarak, recibió a una delegación de los Hermanos Musulmanes y negoció oficialmente con ellos el futuro del país. Fue una reunión histórica.

¿Constituyen un peligro para la República egipcia y para la región? Según un sondeo, en unas elecciones libres y transparentes, obtendrían en torno a un 20 por 100 de los escaños en el Parlamento. Aunque ellos sueñen con una república islámica, el pueblo egipcio en su mayoría no comparte este sueño. Lo que reclaman los millones de manifestantes (los Hermanos Musulmanes ni iniciaron ni dirigieron las manifestaciones) es el fin del régimen autoritario y corrupto de Mubarak; es la libertad, la democracia real y el fin de la explotación y de las humillaciones. En ninguno de los eslóganes esgrimidos por los manifestantes se evocaba ninguna república islámica de tipo iraní.

Los Hermanos Musulmanes forman parte de la escena política egipcia. No se los debe ignorar, pero tampoco darles excesiva importancia. Luchan por una higiene moral y ética del país. Luchan por la justicia y el respeto de los derechos humanos, en lo que coinciden con los manifestantes laicos. Aunque de ahí a que lleguen al poder e instauren una república islámica hay mucho trecho por recorrer y mucha incertidumbre.

El sociólogo suizo Patrick Haenni, investigador del Instituto Religioscope y especializado en el mundo musulmán, afirma en una entrevista publicada en *Libération* el 8 de febrero de 2011: «La organización de los Hermanos Musulmanes controla cada vez menos la dinámica de reislamización de la sociedad egipcia». Según él, se han visto superados por lo que denomina un islamismo *light* que «no está obsesionado ni por la *sharía* ni por un Estado islámico». A la pregunta «¿Qué resultado obtendrían en unas elecciones libres? », responde: «Los expertos estiman que podrían representar entre un 25 por 100 y un 30 por 100 de la opinión pública. Pero yo personalmente soy muy escéptico ante ese tipo de evaluaciones, pues no tiene en cuenta la dinámica hasta ahora desconocida que se crearía en un escenario egipcio posautoritario. Los Hermanos Musulmanes cambiarán y se dividirán. Creo que la gran lección de ambas revoluciones, la de Túnez y, ahora, la de Egipto, es que han mostrado la irrupción en la escena política de unos nuevos actores con unos modos diferentes de acción que han pillado desprevenidas a las formaciones tradicionales, sean islamistas o no».

Los Hermanos Musulmanes existen, están bien organizados, pero no abarcan toda la sociedad, y, sobre todo, han sido superados por esa juventud con su mensaje de ira y de revuelta a través de los medios modernos de Internet. Además, si los manifestantes exigen la salida de Mubarak y el fin de su régimen, no es para sustituirlo por otro régimen autoritario y fanático, como el que se puede esperar de los islamistas.

Tanto la revolución tunecina como la egipcia han tenido por objetivo la liberación, la libertad, el respeto a la persona, a sus derechos, a sus opiniones. En síntesis, querían que el individuo emergiera, algo que hasta el momento han impedido todos los regímenes árabes.

Otro observador, en este caso egipcio, Jalil Enani, profesor de la Universidad de Durham, en el Reino Unido, comenta: «Los que se están movilizando, la juventud conectada a Internet, han pasado la página del islamismo. Los Hermanos se van a ver afectados también por esta revolución. Hasta ahora habían prosperado gracias a que eran perseguidos por el régimen. Si dejan de ser mártires, perderán parte de su atractivo» (*Libération* de 8 de febrero de 2011).

El «software islámico», pues, se ha quedado obsoleto. Una nueva juventud ha nacido, marcha al ritmo del resto de los jóvenes del mundo, y los viejos sermones religiosos ya no le dicen nada. Una nueva generación de egipcios que ha vivido en el extranjero, hijos de emigrantes que se fueron a Europa, Estados Unidos, Australia, ha regresado al país de origen de sus padres y tiene la firme intención de construir un Egipto libre del islamismo retrógrado y fanático.

Fortuna

SEGÚN EL DIARIO BRITÁNICO *The Guardian* del 6 de febrero de 2011, algunos expertos en economía, en particular Christopher Davidson, profesor de Ciencias Políticas de la Universidad de Durham y especialista en Oriente Próximo, han valorado la fortuna de Hosni Mubarak en 70.000 millones de dólares. Estaría formada por unos fondos colocados en bancos suizos y británicos y por bienes inmobiliarios en Londres, Nueva York y Los Ángeles. La fortuna de sus dos hijos ascendería a 8.000 y a 17.000 millones de dólares.

Sobran los comentarios.

Nukta

LOS EGIPCIOS SON famosos por su gran sentido del humor. Ésta es la *nukta*, el chiste, que se cuenta en Egipto: Mubarak muere y llega al infierno. Lo reciben los dos anteriores presidentes, Anuar el Sadat y Gamal Abdel Nasser. Le preguntan: «¿Te mataron de un disparo o te envenenaron?». Mubarak les responde: «¡Me mató Facebook!».

Argelia

De todos los regímenes que se han visto tambaleados por las revueltas de Túnez y Egipto, el argelino será el que probablemente resista más, y no dudará en derramar la sangre de los manifestantes. Desde la independencia, en 1962, el país lo gobierna un régimen militar. El ejército siempre ha estado al mando, ya fuera con el coronel Huari Bumedian, que llegó al poder en 1965 mediante un golpe de Estado, con Chadli Benjedid o con el actual presidente Abdelaziz Buteflika, al que, aunque sea un civil, ex ministro de Asuntos Exteriores con Bumedian, lo sostiene el ejército, al que obedece sin reservas. El único civil que jamás se plegó a la voluntad de los militares fue Mohamed Budiaf. Solo fue presidente de la República durante seis meses. Murió asesinado en junio de 1992 en un acto público.

Argelia es pues el ejército. Es la única autoridad del país. Sin el ejército, nada es posible. Ostenta todos los poderes y actúa en la sombra, dejando que el civil Buteflika reine de puertas afuera. Enfermo y debilitada su credibilidad política, el presidente ya no representa al Estado, como algunos habían esperado tras su regreso después de una larga estancia en Suiza.

Los argelinos han vivido cerca de veinte años bajo el estado de excepción, que confirió plenos poderes al ejército para mantener el orden. Recientemente, a mediados de febrero, fue levantado, señal de cierto relajamiento por parte de los militares.

Pero el sábado 12 de febrero de 2011, el ejército movilizaba de nuevo a 30.000 policías para impedir que 2.000 argelinos se manifestaran. Procedió a centenares de detenciones, entre ellas las de cuatro diputados, e hirió a decenas de manifestantes en violentos enfrentamientos.

Un mes antes, entre el 6 y el 9 de enero de 2011, las manifestaciones contra la carestía de la vida —convocadas por la Coordinación Nacional para el Cambio y la Democracia, movimiento que agrupa a los sindicatos autónomos, a los partidos de oposición y a la sociedad civil— se saldaban con cinco muertos y 800 heridos.

Durante el mismo periodo, se registraron en el país al menos 25 intentos de inmolación por el fuego. Son ciudadanos que en su mayoría están hartos de vivir en un país rico, dotado de inmensos recursos confiscados por un grupo de generales que han hecho de Argelia una nación de ciudadanos pobres. Conocemos los nombres y la historia de algunos de los inmolados que aparecen en los sitios web:

* 13 de enero de 2011: Mohcen Buterfif, 37 años, desempleado, padre de una niña, se inmola por el fuego ante el Ayuntamiento de la ciudad minera de Bujadra, al este de Tebesa.
* 14 de enero de 2011: Samir H., 26 años, intenta inmolarse por el fuego en Jijel, al este de Argel.

* Poco tiempo después, Mohamed Auicha, 41 años, residente en Bordj Menaiel, al este de Argel, intenta inmolarse ante la sede de la Subprefectura. Lo salva in extremis un amigo. Durante las inundaciones de 2001, se había quedado sin vivienda. En 2003, el seísmo acabó de destruir lo poco que había podido salvar y acondicionar provisionalmente. Desde entonces, esperaba en vano que el Estado le proporcionase una vivienda. A principios de enero, le informaron de que su expediente había sido rechazado…
* En la noche del 16 al 17 de enero de 2011, una patrullera intercepta en las costas de Annaba a veinte emigrantes clandestinos que se dirigían a España. Optan por incendiar la embarcación; algunos de ellos resultan quemados, otros desaparecen en el mar. Un superviviente declarará: «Ni la propia muerte me quiere».
* 18 de enero de 2011: Karim Bendim se inmola por el fuego ante el Ayuntamiento de Dellys, a 70 kilómetros al este de Argel.

Todos los que se mataron prendiéndose fuego lo hicieron ante la sede de una prefectura, de un ayuntamiento o de un ministerio. Ese acto de protesta habla por sí solo: me sacrifico y acuso al poder de incitarme a cometer este gesto que ni siquiera pertenece a mi religión y a mi cultura.

Dirigiéndose al poder, que se mantiene inquebrantable, el partido Agrupación por la Cultura y la Democracia declaró: «Tras aprovecharse de los recursos nacionales, el régimen solo deja a los jóvenes la posibilidad de morir ejecutados o suicidados. Ya no se trata de saber si el sistema debe cambiar, sino de encontrar las vías y los medios idóneos para salvaguardar la patria de otras desgracias y del caos» (declaraciones referidas por Adlène Meddi, www.lesinrocks.com, 28 de enero de 2011).

El caso de Argelia es complejo: las secuelas de la guerra de liberación siguen presentes; las relaciones con Francia son complicadas y tensas; una importante población emigrada se ve enfrentada a problemas de identidad a través de unos hijos nacidos en suelo francés. Sus relaciones con el vecino Marruecos también están deterioradas. El conflicto del Sáhara Occidental se prolonga desde hace más de treinta y cinco años. Argelia apoya al movimiento independentista, el Frente Polisario, y rechaza cualquier solución amistosa, cerrando sus fronteras mientras Marruecos decide abrir las suyas.

El pueblo argelino, sin embargo, no comparte el odio que siente su ejército hacia Marruecos olvidando que éste estuvo a su lado durante mucho tiempo y fue su retaguardia durante la guerra de liberación. Tanto los argelinos como los marroquíes están deseando una reconciliación, pues lo que interesa a ambos es circular con libertad.

La revuelta argelina será difícil y tardará en triunfar. Si Mubarak y Ben Ali capitularon fue porque el ejército los obligó a ello. En Argelia, es al ejército al que las revueltas han puesto en la picota, y no cederá, al menos no tan fácilmente como en Egipto y Túnez. De entre sus filas tendrán que surgir oficiales que se adhieran a las protestas populares, y ello podría desencadenar una guerra civil, como la que estalló en 1991. Una guerra civil que se saldó con más de 100.000 muertos...

Yemen

Cuando se llega a Saná, capital de Yemen, lo primero que sorprende es encontrarse en un espacio y en un tiempo que no tienen nada en común con los del mundo occidental. Estamos en Oriente, lejos, muy lejos de nuestras categorías mentales y psicológicas. Recuerdo el desasosiego que sentí durante toda mi estancia en ese país. En ningún momento estuve relajado. Basta con observar que los ciudadanos van armados, bien con un fusil, bien con la daga tradicional que llevan al cinto. Incluso los adolescentes van armados. Se entiende que Arthur Rimbaud hubiera hallado allí el extrañamiento absoluto e ideal para huir de la grisura francesa y lanzarse al tráfico de armas y a otras aventuras...

Un día, el profeta Mahoma regresa a la Tierra para ver cómo está el mundo musulmán en el siglo XXI. Arabia Saudí, custodio de los lugares sagrados del islam y vecino inmediato de Yemen, le propone mostrársela desde un avión. Al sobrevolar los países del Golfo, Mahoma, por mucho que se fije a través de la ventanilla, no reconoce nada, hasta que por fin sobrevuelan Yemen, que identifica sin dificultad alguna: es el único país que se ha quedado tal y como él lo había dejado a su muerte en el siglo VII... Nada se ha movido allí, todo está intacto. Este chiste, que cuentan los lugareños para bromear con el turista, describe bastante bien un país anclado como ningún otro en el pasado.

Yo ya estaba advertido: Yemen vive a un ritmo distinto del resto del mundo. Pero hay que verlo para creerlo. A diario, justo antes del mediodía, los hombres se precipitan al mercado para comprar sus dosis de *qat*, una hierba verde parecida a la menta, una auténtica «droga» que mastican hasta la noche. Durante la tarde, todo es quietud.

Sin embargo, tras esa apariencia de país inmóvil y ajeno por completo a la modernidad, Yemen hierve y está en permanente crisis. Varias guerras civiles han tenido lugar entre el Yemen del Norte, profundamente islamizado, suní, y el Yemen del Sur, donde conviven también cristianos y una exigua minoría de judíos. La unificación oficial, el 22 de mayo de 1990, no ha suprimido esas explosiones de violencia. Al Qaeda, por otra parte, está bien implantada en el Norte.

Pero Yemen no tiene suficiente con esos graves problemas internos. En 1962, la intervención inútil y absurda de Gamal Abdel Nasser en la guerra entre ambas zonas del país sembró aún más el caos. El *rais* egipcio tenía aspiraciones territoriales sobre su vecino, y esta guerra, de la que nadie recuerda hoy qué la provocó, se saldó con miles de muertos.

Con Arabia Saudí los yemeníes mantienen unas relaciones igualmente tensas. Suministran la mayor parte de la mano de obra inmigrante que realiza los trabajos más penosos. Los saudíes no se ensucian las manos…

HASTA EL AÑO PASADO, al presidente Ali Abdulá Saleh, cuya salida exigen los manifestantes y que lleva en el poder 32 años (contando los que estuvo de presidente de Yemen del Norte), le parecía natural esa longevidad. Como la mayoría de jefes de Estado de la zona, se aferra al poder de manera neurótica. El 2 de febrero de 2011, imitando a su amigo Mubarak, y en un intento de calmar a los manifestantes, declaraba que no se presentaría a las próximas elecciones... Nadie lo creyó... Los jóvenes se dieron perfecta cuenta de que mentía. Aunque sean muy pobres, tienen acceso a la información, al igual que en Túnez y en Egipto, a través de Internet, y saben que Saleh nunca responderá a sus peticiones de libertad y de dignidad. Las concesiones del presidente no son suficientes, no calman a la oposición.

Como los demás dictadores cuya legitimidad cuestionan con tanto tesón los manifestantes, Ali Abdulá Saleh no ha dudado en hacerlos callar con disparos de fuego real. El 18 de marzo de 2011 unos asesinos miembros de un escuadrón de la muerte y mercenarios al servicio del dictador llevaron a cabo una matanza que se saldó con 51 muertos y varios

Marruecos

CUANDO LA REVUELTA TUNECINA logró expulsar a Ben Ali y los argelinos empezaron a manifestarse, la prensa y la opinión pública internacionales dirigieron sus miradas hacia Marruecos, evocando la posibilidad de un contagio. Si Marruecos hubiera estado aún bajo la férula de Hassan II, y los «años de plomo» aún vigentes, no hay duda de que el pueblo marroquí habría hecho su revuelta. Pero el país no está ya en esa etapa. Las reformas en Marruecos comenzaron poco después de la llegada al trono de Mohamed VI, en julio de 1999. Intentemos un recorrido rápido de estos años.

Una de las primeras decisiones de Mohamed VI fue reabrir los *dossiers* de la represión que hizo estragos durante el reinado de su padre y constituir una comisión que escuchara las quejas de las víctimas de detenciones, torturas... Veintinueve mil expedientes fueron examinados públicamente por dicha comisión, y numerosas víctimas, indemnizadas por el Estado. «¡Nunca más!»: ése era el mensaje del rey. Desde entonces, se han acabado las torturas en las comisarías, las detenciones arbitrarias, los presos políticos. Aunque, por supuesto, algunos policías siguen cometiendo excesos y atropellos, como confirman los informes de Amnistía Internacional y de Human Rights Watch, y los redactados por la Liga Marroquí de Derechos Humanos, independiente del poder. Solo la lucha contra el terrorismo sigue siendo muy radical en sus métodos.

La prensa ha recuperado cierta libertad, y digo «cierta» porque existen temas tabú: la vida privada del rey y de su familia, el islam y todo lo relativo a la integridad territorial del país, en particular al Sáhara. En lo demás, los periodistas escriben lo que desean, y cuando existe difamación, interviene la justicia. Todo no es, sin embargo, de color rosa. Algunos diarios, como *Le Journal* y *Nichane*, han dejado de publicarse, hartos de verse acosados por unas autoridades que no terminan de olvidar la época de la censura; otros han sido condenados a pagar enormes multas. La libertad de expresión progresa, aunque siga bajo vigilancia.

La condición de la mujer se ha visto mejorada con la nueva *Mudauana* [Código de la Familia].

Se han creado infraestructuras: autopistas, puertos, vivienda social...

Pero Marruecos se enfrenta aún a problemas graves.

El paro de los jóvenes, en especial de los titulados superiores, es alto y muy preocupante.

La pobreza es real y afecta a una gran parte del pueblo marroquí. Por otro lado, existe una minoría que se enriquece, y aumenta la brecha que la separa del resto de los marroquíes. Algunas personas del entorno del monarca se benefician de su situación para hacer negocios cada vez más florecientes. La prensa no cesa de denunciarlo, aunque no por eso se desaniman, y siguen lucrándose sin rubor. El rey no se pronuncia a este respecto. Pero el pueblo se escandaliza, sobre todo porque la prensa arabófona, la más leída, aprovecha a fondo ese tipo de noticias. Sigue habiendo demasiadas desigualdades e injusticias.

El analfabetismo es un auténtico azote. Afecta a casi el 40 por 100 de los marroquíes, y se concentra en las zonas rurales.

Por último, la corrupción gangrena el país. El rey ha nombrado a una comisión de lucha contra la corrupción, pero es una tarea difícil, pues lo propio de la corrupción es no dejar huellas, rastros y, por tanto, pruebas, lo que complica enormemente la labor de la justicia y de la Administración.

En cuanto a la vida política, poco a poco, los hábitos democráticos han echado raíces, y numerosos partidos han visto la luz. El islamismo, por ejemplo, desde que optó por la no violencia y el sufragio universal, está representado por un partido en el Parlamento. La democracia no es un *gadget*, es una cultura, y Marruecos la está asimilando.

Aún estamos lejos de un Estado ejemplar y perfecto, pero ya se ven progresos.

LAS REVOLUCIONES TUNECINA y egipcia no han pasado desapercibidas en Marruecos: han tenido repercusión en la vida política. La opinión pública, decepcionada por los partidos existentes, espera mucho del rey. *Tel Quel*, semanario francófono de gran tirada, publicó un *dossier* en su edición del 19 al 25 de febrero de 2011 (n.º 461) sobre las «50 medidas para mejorar Marruecos» en el que se precisa que la revolución se hará con Mohamed VI o no se hará. He aquí algunas de esas medidas:

* Aligerar el protocolo real.
* Tener a un primer ministro que gobierne realmente.
* Abolir la pena de muerte.
* Debatir el presupuesto de Palacio.
* Prohibir la poligamia.
* Generalizar la seguridad social.
* Garantizar la libertad de culto.
* Instaurar la independencia de la justicia.
* Luchar contra el analfabetismo.

* Revisar las leyes sobre la herencia.
* Revisar el Código de la Prensa (abolición de la censura).
* Suprimir los «ministerios de soberanía», cuyos titulares son designados por el monarca.
* Acabar con las detenciones arbitrarias.
* Inscribir la laicidad en la Constitución.
* Establecer el control parlamentario de la Ley de Finanzas.
* Revisar los manuales escolares.
* Instaurar una auténtica libertad política y asociativa.

Muchas de estas propuestas se podrían aplicar en seguida si el rey decidiera considerarlas. Solo las que tienen que ver con su persona y su familia podrían ser difíciles de poner en práctica debido a la existencia del majzén, un sistema de leyes y reglas no escritas, heredado de sus antepasados, que rige el funcionamiento de la monarquía de modo tradicional y no admite cuestionamiento alguno.

El 9 de marzo de 2011 Mohamed VI se dirige a la nación en un discurso televisado de doce minutos, importante, histórico. Propone una «reforma constitucional global», reconoce «la pluralidad de la identidad marroquí, unida y rica [...] en cuyo núcleo figuran la lengua y la cultura beréberes, *tamazight*, patrimonio común de todos los marroquíes». Llama a la «consolidación del Estado de derecho», a la «independencia de la justicia», con la preeminencia de la Constitución y la igualdad de todos ante la ley. Afirma que «el gobierno emanará de la voluntad popular expresada a través de las urnas» y que el primer ministro será elegido en el seno del partido que haya obtenido el mayor número de votos y será «el jefe de un poder ejecutivo responsable». Evoca también el estatus de la oposición y garantiza el respeto a los derechos humanos.

Se trata de un discurso revolucionario, pues trastoca de manera novedosa las bases de un régimen absolutamente tradicional. Tanto la oposición marroquí como la prensa internacional lo han aclamado unánimemente.

Las manifestaciones del 20 de febrero de 2011 no fueron todas tranquilas y pacíficas. Hubo saqueos en Marraquech y en Tánger, y cinco muertos en Alhucemas, causados por el incendio de un banco en un horario en el que aún trabajaban los empleados. Las organizadas el 20 de marzo por iniciativa del Movimiento 20 de Febrero, la Asociación Marroquí de Derechos Humanos, el Foro Verdad y Justicia, ATTAC Marruecos y el movimiento islamista radical Al Adl ua al Ihsan [Justicia y Caridad] trascurrieron sin incidentes dignos de mención. Las pancartas enarboladas por hombres y mujeres exigían la dimisión de Abas El Fasi, jefe de un gobierno carente de eficacia y de imaginación, mediocre. En ellas se reclamaba también el «fin de la corrupción», «una Constitución elaborada por la voluntad popular», «justicia». Algunas portaban este mensaje: «El rey reina pero no gobierna». En una pancarta redactada en árabe, en *tamazight* y en francés, se leía: «No robes mi país», y en otra: «¡Servicios Secretos: largaos!». Las reformas propuestas por el rey en su discurso del 9 de marzo no parecen satisfacer a los manifestantes. Están impacientes y quieren participar en esta primavera árabe que en el mismo momento en que ellos se manifiestan está viviendo horas trágicas en Libia, Siria, Yemen y Bahréin. El atentado cometido en Marraquech el 29 de abril de 2011, probablemente por Al Qaeda, tenía por objetivo frenar la dinámica de reformas propuestas por el rey. Ha logrado el efecto contrario: Marruecos avanza y prosigue su revolución pacífica con su rey.

Libia

Desde lo ocurrido en Túnez y en Egipto, ya nada será como antes en el mundo árabe. Aunque no sigan saliendo miles de manifestantes a las calles de Argel, Saná, Ammán, Trípoli o Casablanca, no hay duda de que ambas revueltas, tarde o temprano, influirán en el modo en que los dirigentes árabes traten a sus ciudadanos.

Hablamos al principio de contagio, de onda de choque, pero hay algo más, y más profundo: hace tiempo que el ciudadano árabe sufre injusticias, asiste impotente a la degradación de su dignidad por considerar que las desigualdades sociales son decisiones divinas y que, por fatalidad, así lo ha querido Dios.

El de Libia es un caso aparte. El sistema de Gadafi, una dictadura de un estilo muy particular, cerró todas las puertas a cal y canto. Nada se ha filtrado, nada ha salido del país. Desde hace muchos años, ningún periodista ha podido trabajar libremente y contar lo que pasa allí. La oscuridad es total. Uno adivina, imagina. Pero nada se sabe sobre cómo vive y lo que aguanta el pueblo libio.

No debemos olvidar que Libia no es un Estado propiamente dicho: es un conjunto de tribus y clanes a los que Gadafi ha mantenido en una especie de absurda ficción. No existe un gobierno en el sentido de los países modernos, ni un Parlamento, ni partidos políticos. Gadafi, y solo él, es el garante de la unidad de Libia. Es una forma de Estado, pues, que no existe en ningún lugar. Ésa es la estratagema inventada por el joven oficial que tomó el poder en 1969 para apropiarse de todo un país y mantenerlo bajo un férreo yugo, haciéndole creer que él es el «dueño de su destino». Una estafa que el mundo entero ha aceptado siempre.

Debido a esta situación tan peculiar, resulta muy difícil desalojar al clan Gadafi sin sumir al país en el caos. De todos modos, él no se irá por propia voluntad, morirá con las armas en la mano... a menos que Naciones Unidas proceda a su detención. Pero para ello se requiere mucha imaginación y audacia, pues cualquier intervención exterior no hará más que reforzar su posición.

Desde que Gadafi tomó el poder, jamás se ha oído que nadie lo cuestione, que hubiera oposición o disturbios. ¿Hubo tentativas de revueltas que fueron reprimidas a sangre y fuego, y en silencio? Algún día se descubrirá el alcance de las masacres que este tirano arrogante cometió con total impunidad. Las tribus que consigan quizás expulsarlo del poder tendrán como deber histórico juzgarlos, a él y a su familia, para que respondan ante un tribunal de los crímenes cometidos durante más de cuarenta años.

Hasta ahora, debido a las riquezas energéticas, Europa se ha mostrado muy complaciente con este régimen criminal. ¿Quién no recuerda los extravagantes caprichos de Gadafi en sus viajes a las capitales europeas? Hace apenas un año, todo el mundo obedecía, sonriente, tragando sapos y culebras... Pues los jefes de Estado, como Nicolas Sarkozy, Silvio Berlusconi o José Luis Rodríguez Zapatero, esperaban a cambio firmar contratos espectaculares. Algunos lo lograron. Francia, sin embargo, quedó en ridículo y no obtuvo nada tras una visita que hizo correr ríos de tinta.

El poder en Libia está bloqueado de modo enfermizo. Aunque Gadafi se crea —como Hafez al Asad en Siria o Mubarak en Egipto— que el poder es hereditario y que su hijo Seif al Islam lo sucederá cuando desaparezca, las cosas van a cambiar. Los libios lo saben, y se han echado a la calle, desafiando a tanques y aviones, que disparan contra ellos fuego real, y bien real. A principios de marzo de 2011 la clandestina Liga de Derechos Humanos de Libia hablaba de 6.000 muertos desde el inicio de las revueltas a mediados de febrero.

¿Cómo salvar al pueblo libio? La intervención exterior es obligatoriamente difícil. El ejemplo americano en Irak está demasiado presente y disuadirá de cualquier iniciativa similar. El pueblo libio es el único que podrá librarse de ese dictador.

Esperpentos gadafianos

La lista de los comportamientos esperpénticos del coronel Gadafi es larga y se remonta a cuando tomó el poder a finales de la década de 1960. Sería interesante recordar algunos de ellos para comprender mejor el tipo de dictador al que se enfrenta hoy la resistencia libia.

Cuando el 1 de septiembre de 1969 depone al rey Idris Senusi, el joven Muamar Gadafi quería imitar a su ídolo, el *rais* egipcio Nasser. En seguida propuso una unión con Egipto; luego, con Siria; se imaginó arabizando África; impuso que el pasaporte de los extranjeros que visitaran el país estuviera escrito en árabe; se inventó una república, la «Yamahiriya» [el término *yamahir* es el plural de *yumhur*, «la multitud»]; y, para colmo, decretó que el calendario musulmán lunar, que se inicia con la hégira del profeta hacia Medina en 622, empezara tras la muerte del profeta, en 632, y que cualquier documento que no respetase esa modificación fuera devuelto o arrojado a la papelera…

Gadafi propuso también una unión con Marruecos. Hassan II, que conocía bastante bien al personaje y sus desvaríos, le concedió ese favor sabiendo que la unión duraría lo que dura un verano. Eso fue lo que sucedió. Cuando, en noviembre de 1975, Marruecos lanza su «Marcha Verde» (más de 300.000 ciudadanos de todos los puntos del país caminaron pacíficamente con la intención de recuperar el Sáhara Occidental ocupado entonces por los españoles), Hassan II contó que Gadafi le había telefoneado para proponerle incorporarse a la marcha junto a sus hermanos marroquíes. El rey se lo agradeció argumentando que se trataba de «un asunto estrictamente marroquí». A un periodista que le preguntó si ése era el único motivo de su negativa, Hassan II le respondió: «Si doy la orden a mi ejército de detenerse, sé que se detendrá; el de Gadafi hará lo que se le antoje...».

Tras esos fracasos de unión a diestro y siniestro, Gadafi se dedicó a financiar el terrorismo internacional: al IRA, a ETA y a otros grupos más. Tras el 11-S, entendió que más le valía no figurar en la lista de Estados terroristas. Hizo, pues, las paces con Estados Unidos y Europa. Y así, pudimos oír a Boris Boillon, embajador de Francia en Irak, y luego en Túnez, afirmar en un plató de televisión en 2010: «Gadafi fue terrorista, ya no lo es. Ha hecho su autocrítica. [...] En la vida, todos cometemos errores, y todos tenemos derecho al indulto». Hoy, en cambio, es a su pueblo al que Gadafi aterroriza lanzándole bombas y misiles.

Gadafi, como Ben Ali y Mubarak, concede mucha importancia a su apariencia física. Está enamorado de sí mismo, su narcisismo es grotesco. Le gusta vestir bien. Se cambia de ropa tres veces al día. Lleva permanentemente puesto un chaleco antibalas. ¡Se dice que incluso el turbante es blindado...! Se ha hecho injertos de pelo y se lo ha teñido de negro. Siempre ha estado obsesionado por la calvicie. Según varios testigos, entre ellos su jefe de protocolo, que ha conseguido huir del país, se drogaría bastante. Se puede ver en su rostro abotargado y de facciones caídas. Su mirada despide fuego o está nublada por una especie de vapor que le hace parecer ausente. Las periodistas que lo han entrevistado cuentan que a menudo intentó abusar de ellas.

En 2009, en un discurso deshilvanado pronunciado ante la Asamblea General de Naciones Unidas, Gadafi blandió la Carta de la ONU y luego la arrojó al suelo. Todos los asistentes se escandalizaron, pero nadie se atrevió a llamarlo al orden.

Otro ejemplo, personal, esta vez. Cuando publiqué en enero de 1975 en *Le Monde* el primer reportaje sobre la peregrinación a La Meca desde el interior —un relato crítico y sin concesiones—, fue el único jefe de Estado musulmán que se dirigió a Hassan II para pedirle que me castigara...

Su familia no le va a la zaga. Sus numerosos hijos se le parecen. El más famoso, el bien llamado Aníbal, ha acumulado tantas calaveradas en su haber que acabó teniendo problemas con la justicia suiza, aunque finalmente ésta renunció a procesarlo. El chantaje económico y los rehenes en Libia le permitieron librarse del banquillo, a pesar de que se supo que golpeaba a su esposa y a su personal de servicio doméstico. Los occidentales estaban al corriente de todo ello. Por los salones de las embajadas circulaban chistes sobre los delirios de la familia Gadafi, pero seguían mirando para otro lado: en nombre del petróleo y de unos contratos que nunca se firmaron…

Ilegitimidad e impunidad

CUANDO ATERRIZAS EN LIBIA, ya en el aeropuerto te sientes devuelto a los tiempos de los países totalitarios del Este. Un montón de policías recelosos, vestidos de paisano o de uniforme, pululan por todos lados. Uno se siente como en un país imaginado por la combinación de las mentes de George Orwell y Franz Kafka. Todo es hierático, absurdo y extraño. Notas que te espían, te vigilan, te sientes incómodo. La primera noche en el hotel la pasé en blanco. Me fue imposible conciliar el sueño. Sin la ayuda de la embajada de Francia, que me acogió, no habría podido quedarme en ese país que me provocó incesantes jaquecas y náuseas. Es algo que se siente aunque no siempre se pueda explicar.

Lo segundo que se percibe es el inmovilismo del país. Todo se quedó paralizado en la fecha fatídica del 1 de septiembre de 1969, día en que un joven capitán autoproclamado coronel dio un golpe de Estado y se hizo con el poder. La gente está triste, resignada y sin energía. No hay un Estado, un gobierno, unas elecciones. No hay una vida política como la del resto del mundo. En cambio, se nota la omnipresencia de Muamar Gadafi, el hombre providencial, el que ha disuelto el país en la olla hirviendo de un brujo. Solo existe él. Incluso el Corán ha sido sustituido por el Libro Verde que contiene los pensamientos del gran líder. Es todo a la vez: la Constitución, la Biblia, la referencia única y suprema del país.

Poner de rodillas a un pueblo entero, hacerle tragar unas afirmaciones extravagantes e irracionales, mantenerlo en la ignorancia y la pobreza: es lo que ha conseguido este hombre desde hace cuarenta y dos años, sin vacilar jamás en aplastar cualquier intento de oposición. Sin la presencia de periodistas, de testigos, el arrogante Gadafi está fuera de alcance, es el dueño absoluto. Se han comentado a menudo sus trastornos psíquicos. No hace falta un análisis profundo para darse cuenta de ello. Basta con observarlo: su narcisismo es patológico, su egocentrismo, patético; y su soberbia, terrorífica.

Podría haber corrido la misma suerte que Sadam Husein tras verse implicado en los dos atentados contra aviones civiles que costaron la vida a un total de 440 personas: el Boeing de la compañía Pan Am, que explotó sobre Lockerbie el 21 de diciembre de 1988 y causó 270 víctimas, y el avión francés DC-10 de UTA, sobre Níger, el 19 de septiembre de 1989 con 170 pasajeros. Pero supo arreglárselas. Gadafi es astuto. Tras haber sido condenado por varias resoluciones de la ONU y haber sufrido un boicot durante varios años, se apresuró a aceptar todo lo que le exigían los americanos y pagó 2.700 millones de dólares para «reparar» las desgracias que sus agentes habían causado.

Hoy, su hijo Seif al Islam promete en la televisión un «río de sangre» a los manifestantes. La mañana del 21 de febrero se contabilizaban ya

233 muertos. Aunque, ¿cómo saber las cifras exactas? Solo son, una vez más, estimaciones de Human Rights Watch. Habrá más matanzas, es inevitable, pues tanto el hijo como el padre son unos bárbaros que solo entienden la ley de la sangre, la represión feroz y la impunidad.

Pero si Gadafi ordena disparar contra los libios es porque sabe que está condenado, que tarde o temprano deberá abandonar el poder y el país. La promesa realizada por su hijo de dotar a Libia de una Constitución es ilusoria... Gadafi está tan convencido de ello que solo se marchará tras haber masacrado al mayor número de libios posible. Es un ser trágico: «se defiende» como si hubieran atacado su propia casa. Pues Libia es su casa, su *jaima*, su bien personal. No entiende cómo alguien se ha atrevido a cuestionar su poder sobre lo que considera de su propiedad. Se dedica, pues, a matar. No tiene la menor noción del derecho, de lo que es legítimo e ilegítimo. Se ha pasado la vida situándose por encima de la ley, incluida la internacional. Desde las alturas por donde planea, aplasta con armas pesadas, sin inmutarse, a unos manifestantes que reclaman vivir con dignidad, libertad y en democracia. Son unos valores que no forman parte de su universo. En su Libro Verde inventó una nueva forma de reinar y de someter a su pueblo, dándole la impresión de que él era el gestor de sus destinos. Una mentira, una vergüenza.

Pero cuando clama, y sus hijos tras él, que morirá en Libia, habla como una bestia acorralada, que no sabe adónde ir. Ninguno de sus «amigos» aceptará ahora acogerlo y ceder, como antaño, a sus caprichos. La ONU ya se ha puesto en marcha. La Unión Europea y Estados Unidos, también. Su situación de excepción en la comunidad internacional ha acabado para siempre, y algún día se verá juzgado por la Corte Penal Internacional.

Homenaje a Mohamed Al Nabus

ESTE INGENIERO DE telecomunicaciones es el símbolo de la resistencia en Bengazi. Es lo opuesto a Gadafi. A través de su blog, la opinión mundial fue alertada de las masacres que cometían con toda impunidad los mercenarios del coronel. Filmó con su cámara y colgó las imágenes del horror en la web. Estaba en contacto con StreetPress.com y les enviaba información con regularidad. Él, que gritaba: «No os olvidéis de Libia», asombrado al ver que las agencias de prensa extranjeras desertaban de Bengazi, él, que no dejó de reclamar que se auxiliase a un pueblo en peligro, recibió una bala disparada por un francotirador. Estaba filmando los ataques del ejército libio contra la población civil…

El miércoles 16 de marzo, tres días antes de su muerte, escribía en su blog: «Escuchad, amigos. Ser fuertes o débiles no es lo que hoy importa. Lo que cuenta es estar vivo o muerto, y debemos hacer algo ahora».

Su esposa anunció su fallecimiento de este modo: «Mo ha muerto». Estaba esperando un hijo.

Resolución 1973

A PESAR DE LA RETICENCIA de algunos países, en la noche del 17 al 18 de marzo de 2011, con enorme retraso, y gracias a Francia, el Consejo de Seguridad de Naciones Unidas votó por fin la resolución 1973 destinada a salvar a la población civil de la furia asesina de Gadafi y de sus mercenarios. La demora y las reticencias tendrían la siguiente explicación: algunos miembros de la Liga Árabe, así como Estados Unidos, habrían cedido a las presiones saudíes (y probablemente de Siria y Argelia) para poner fin a esos vientos de revuelta. A nadie pasó desapercibido que el ejército saudí había echado una mano al poder de Bahréin para reprimir las protestas. Según la agencia Reuters, el 15 de marzo de 2011 al menos 200 personas murieron en los enfrentamientos en Manama entre los manifestantes y las fuerzas del orden.

Pero la resolución 1973 y los recientes ataques aéreos no serán suficientes para solucionar el problema libio, menos aún cuando Estados Unidos, tras los conflictos de Irak y Afganistán, no quiere «intervenir» de manera directa en otro país musulmán.

Gadafi está bien preparado para responder en el interior del país contra las fuerzas rebeldes, mal equipadas, desorganizadas y sin formación militar. También lo puede hacer en el exterior, despertando a sus células durmientes en el mundo para que comentan atentados en cualquier lado. La ONU debe plantearse como objetivo detenerlo y juzgarlo sin más dilación. Pero, ¡ojo!, Gadafi es de esos que todo lo prevén…

Conclusión

Los «viejos turbantes» islamistas, los dictadores, los servicios de seguridad, los *mujabarat* [servicios de información], todos aquellos que han ejercido el poder de manera violenta y que han cometido crímenes impunes están hoy desamparados. Son incapaces de analizar la crisis actual. Lo último que esperaban es que sus pueblos se sublevaran, se rebelaran. Creían que los tenían dominados, humillados y aplastados para no levantarse jamás. Los métodos que empleaban habían mostrado su eficacia en los países de Latinoamérica, en los países comunistas durante la época soviética, en algunos países africanos, y no había motivo para que no siguiera siendo así. Todos los líderes árabes han practicado la dictadura de manera bien estudiada, garantizándose la retaguardia. Los tiempos y Occidente les daban la razón, o al menos no les llevaban la contraria. Nunca se imaginaron que su caída sería tan brutal e irremediable. Además, ha quedado patente que todos se asustaron: todos ordenaron disparar contra los manifestantes, todos mataron, perseveraron en su estupidez o aumentaron aún más su brutalidad.

En la primavera árabe, los dictadores han descubierto que el viento de libertad que se levantó en un pequeño país era más fuerte, más violento, que todas las borrascas que provocaban cuando reprimían, torturaban y asesinaban a unos ciudadanos cuyo único crimen era reclamar libertad y dignidad.

Hoy, tras Libia, le toca tambalearse a Siria, vieja dictadura ejercida de padre a hijo desde hace cuarenta y un años. Un momento histórico, puesto que es la primera vez en medio siglo que la gente se echa a la calle para denunciar la crueldad de este régimen. Y con crueldad evidente, el

15 de marzo de 2011, el poder respondió a los manifestantes de Dará, una ciudad situada a 100 kilómetros de Damasco, al matar a 100 personas, entre ellas niños.

Estos regímenes se defenderán por cualquier medio, pues sus dirigentes saben que carecen de legitimidad y que no tienen adónde ir. Es lo que le ha sucedido a Gadafi, y lo que le sucederá a Bachar al Asad si no renuncian a la brutalidad y al crimen.

La violencia liberadora de las revueltas no se verá frenada por la represión. Es viva y creativa. Se encarna en una nueva generación de jóvenes, algunos de los cuales han vivido en el extranjero y que, a diferencia de sus padres, han abierto las ventanas que dan al mundo. Han visto cómo viven otros jóvenes, han comprobado que la libertad es sinónimo de vida. Como en un sueño, han vislumbrado de pronto que ellos también tienen la posibilidad de vivir mejor, de acabar con las dictaduras, de recuperar algo de dignidad. ¿Cómo? ¿Con qué instrumentos? Mediante el simple hecho de comunicarse, de intercambiar ideas, proyectos. El mundo es inmenso, pero ahora está al alcance de la mano, de un simple clic. El tiempo ha cambiado de ritmo desde que la información se difunde casi en tiempo real.

TODOS ESOS JÓVENES se preguntan hoy cómo sus padres pudieron resignarse a vivir bajo esas dictaduras inmundas. La nueva generación se distingue por algo: ¡no tiene miedo! El caso del libio Mohamed Al Nabus es elocuente. En Siria, unos adolescentes hicieron pintadas en las calles contra el régimen: fueron detenidos y torturados con saña. Al día siguiente otros adolescentes tomaban el relevo.

EL MENSAJE DE ESTA nueva generación se propaga por doquier. Es una juventud diversa —la de Túnez no es igual que la de Egipto— y a la vez semejante. Vive en el país y se comunica con los que viven fuera. Tienen en común las mismas exigencias, las mismas urgencias. Y eso, los regímenes autoritarios no solo no lo han previsto sino que no lo entienden. Descubren que esta revolución no es negociable y que nada la detendrá. Es algo nuevo e histórico.

El futuro de estas revueltas es aún incierto. Habrá errores, titubeos, quizás injusticias, pero de lo que no hay duda es de que jamás un dictador podrá pisotear la dignidad de los árabes. Estas revueltas nos han enseñado algo muy sencillo y que los poetas han expresado muy bien: tarde o temprano, llega un momento en que el hombre humillado se niega a vivir de rodillas, exige libertad y dignidad, incluso arriesgando su vida. Es una verdad universal. Debemos felicitarnos de que en esta primavera de 2011 sean los pueblos árabes los que la recuerdan al mundo.